혼자가 아닌
싱글맘

블라썸원

추천사

안녕하십니까.

먼저 라이팅미 사업을 통해 함께하는 사랑밭과 특별한 파트너가 되어주신 모든 분께 진심으로 감사드립니다. 발간된 책을 보면서 이 사업의 가치와 앞으로의 가능성과 관련한 더 많은 가치를 확인할 수 있었습니다.

이 책을 통해 느낄 수 있었던 것은 진솔함 속에서 피어나는 희망이었습니다. 자신의 삶을 들여다보는 것 중, '글'만큼 효과적인 것은 없다고 생각합니다. 자신의 경험과 생각과 솔직하게 마주하는 모습이 책 전반에 담겨 있었고 그 안에서 진정성 있는 삶에 대한 고찰과 미래를 향한 기대가 나타나는 것을 확인할 수 있었습니다.

특히 자기 자신의 삶을 솔직하게 바라보고 그에 대한 통찰을 담아내는 것은 쉬운 일이 아닙니다. 그런데 이번 기회를 통해 과거의 나, 현재의 나를 반추하고 미래의 나를 만들어가는 과정이 책 속에 고스란히 담겨있는 것을 보면서 보다 가치 있는 시간들이 이 프로젝트 안에서 채워져갔음을 느낄 수 있었습니다. 어쩌면 과거의 나를 마주한다는 것 자체가 가장 의미 있는 힐링이자 최고의 학습이 아닐까 생각합니다. 그만큼 책을 읽어가면서 어머니로서의 삶과 그 안에 담긴 생각들이 소중한 아이에게 또 다른 특별한 가치를 안겨줄 것이라 생각하게 되었습니다.

아울러 이 책을 보면서 확신할 수 있었던 것은 나의 도전이 누군가의 도전으로 연결될 수 있다는 사실이었습니다. 좋은 영향력은 반드시 꼬리에 꼬리를 물게 된다고 생각합니다. 이번 라이팅미 사업을 통해 책을 출간하는 일에 함께하며 소중한 글을 남겨주신 흔적들은 분명 누군가에게 새로운 도전으로 다가갈 것이라 믿어 의심치 않습니다. 저 역시 이 책을 읽으면서 저만의 새로운 도전을 품게 되었고 나의 각오가 또 누군가에게는 새로운 길을 터줄 수 있을 거라 생각하게 되었습니다. 그만큼 이 책이 보다 많은 이에게 읽혀지길 바라며, 미래를 향한 청사진을 새롭게 그려나가는 일들이 펼쳐지길 기대합니다.

끝으로 라이팅미는 새로운 시작을 향한 출발점을 만들어가는 공간이라고 느끼게 되었습니다. 책을 출간한 것은 프로젝트의 완성이 아닌, 새로운 프로젝트를 향한 디딤돌일 수 있기 때문입니다. 무엇보다 이 책은 한 사람이 쓴 책이 아닌, 아홉 분 모두가 함께함으로써 만들어낸 결과물입니다. 그만큼 다양한 이야기와 다채로운 삶의 모습이 책 안에서 살아 숨 쉬고 있습니다. 함께하여 만들어낸 열매이기에 더욱 의미가 있고, 함께하는 과정을 통해 모두가 같이 만들어가는 내일을 시작할 수 있을 거라 생각합니다.

출간을 다시 한번 감사드리며, 이 책이 보다 많은 이들의 가슴에 희망의 씨앗으로 심겨지길 바랍니다.

함께하는 사랑밭 정유진 대표이사

프롤로그

'인생은 B와 D 사이의 C다.'
'Birth'와 'Death' 사이의 무수한 'Choice'가 결국 인생이라는 의미다. 말 그대로 삶이란 끝없는 선택과 결정의 연속이다. 오늘 뭘 입을까, 점심은 뭘 먹을까, 버스를 탈까, 지하철을 탈까? 같은 삶을 이어가기 위한 가볍고 단순한 선택부터 나는 무엇이 될까, 결혼은 해야 하나, 아이는 낳을까, 낳는다면 하나일까? 둘일까? 같은 삶의 근간을 정하는 중대한 선택들도 존재한다.

삶이 미리 고심하고 상상했던 대로만 펼쳐지면 좋으련만 인생이란 결코 그렇게 쉽게 흘러가지만은 않는다. '백설 공주는 왕자님을 만나 못된 왕비를 물리치고 결혼해 행복하게 살았더랍니다.' 백설 공주의 '결혼'이라는 커다란 선택 이후에 그녀의 삶이 어떠했을지는 아무도 모른다. 꽃길만 걸으며 백년해로했을 수도, 각기 다른 생활방식과 삐걱거리는 여러 가지 이유로 당장 무르고 싶었을 수도 있다. 선택은 내가 원하든 원하지 않든 주어진다. 의도했건 그렇지 않았건 나에게 주어진 '운명'에 지지 않고 '내 삶을 살아내겠다' 다짐하는 것. 그것부터가 우리가 낼 수 있는 가장 평범한 용기일 것이다.

여기 각자의 인생에서 중대한 선택을 한 아홉 명의 엄마가 있다. '싱글' 맘이지만 결코 혼자는 아니다. 쉽지 않은 결정임에도 용기 내어 한 걸음 더 내디딘 여성들이다. 그 결정 이면에는 내 삶에 대한 애정, 아이들에 대한 책임감, 그리고 감히 가늠할 수 없는 사랑이 바탕이 되었으리라.

아홉 명의 싱글맘이 오늘을 살아가는 기록이 지금 이 시대의 한 부분을 보여줄 수 있으리라 기대한다. '아픔'이었기에 꺼내기 어려운 이야기들이었지만 이다음 과정은 '행복'이길 바라면서 말이다. 선택의 시기도 상황도 다르기에 각 이야기에 담긴 감정의 깊이도 내용도 모두 다르다. 각기 다른 색이 한데 어우러져 찬란한 무지개가 되듯 이들의 다름이 있는 그대로 찬란하게 비춰지기를.

거창하게 세상의 시선을 바꾸겠다는 외침은 아니다. 그저 딱 우리. 이 책을 손에 쥔 나와 너, 우리의 눈과 마음이 조금 더 말랑해지길. 그 말랑한 시선이 쌓이고 모여 부디 여기 아홉 명의 싱글맘과 아이들에게, 그리고 또 다르지만 같은 어떤 이들에게 따듯이 닿길 간절히 소망한다.

2024 가을, 김선이
『오늘도 이 닦으며 천만 원 법니다』 저자
『오늘도 애쓰셨습니다』 공저자
라이팅미 기획자

목차

	추천사	03
	프롤로그	06

첫 번째 이야기
김유금 11

유금의 인생그래프 12
유금의 이야기 | 아이는 어때요? | 16
비둘기 한 마리 | 누구 편? 오롯이 내 편!
너에게 27
요즘은 어때요? 30

두 번째 이야기
지예나 35

예나의 인생그래프 36
예나의 이야기 | 남들도 다 그렇게 산다 | 39
아! 이러니? | 미니 집 이야기 | 기종 업그레이드
나에게 55
요즘은 어때요? 58

세 번째 이야기
장미선 63

미선의 인생그래프 64
미선의 이야기 | 긴 줄다리기 | 사랑하고, 사랑받는 나 | 67
나에게도 취미라는 게 생겼다.
너에게 76
요즘은 어때요? 78

네 번째 이야기
이지 81

이지의 인생그래프 82
이지의 이야기 | 보따리 장사 이제 그만 합니다. | 88
괜찮아 뭐 어때 | 히어로 슈트 레깅스
나에게 101
요즘은 어때요? 105

다섯 번째 이야기 **엄혜원** 111	혜원의 인생그래프	112
	혜원의 이야기 | 집으로 가는 길 | 누가 내 자전거를 가져갔을까 | 좋은 목소리를 내는 삶	115
	나에게 | 너에게	126
	요즘은 어때요?	131
여섯 번째 이야기 **지지향** 135	지향의 인생그래프	136
	지향의 이야기 | 무아지경 | 선물 같은 아이	138
	나에게	145
	요즘은 어때요?	147
일곱 번째 이야기 **김도비** 151	도비의 인생그래프	152
	도비의 이야기 | 더한 것도 참고 산다는 말 | 힘든 건 잘못이 아니잖아요 | 열여덟 살 이모님	156
	나에게	169
	요즘은 어때요?	172
여덟 번째 이야기 **김체리** 175	체리의 인생그래프	176
	체리의 이야기 | 따스한 말 한마디라도 | 내 삶의 감사한 인연들 | 아이가 온전히 꿈 꿀 수 있기를	180
	나에게	188
	요즘은 어때요?	191
아홉 번째 이야기 **강소영** 195	소영의 인생그래프	196
	소영의 이야기 | '엄마'의 삶을 선택하다 | 보석 같은 시간	198
	너에게	204
	요즘은 어때요?	206

첫 번째 이야기

그러나 나는 완전함이 아닌 온전함을 향해 선택과 집중을 하기로 결정했다. 설령 촌스럽고 답답해 보일지라도 나는 내 선택을 믿는다. 내 삶의 주인공은 바로 나 자신이기에.

자기
소개

김 유 금

  나를 위해 살기로 선택한 지 1년 차, 두 눈 반짝이며 새로운 세상과 사람 그리고 책을 만납니다. 좌충우돌이지만 조바심 내지 않고 1호 팬 아이와 삶을 공유하며 서로의 존재만으로 하루를 꽉 채워갑니다. 일상의 여행 중에 만나는 다채로운 행복을 발견하며 찬란하게 빛나는 오늘, 나는 또 웃음 꽃을 피웁니다.

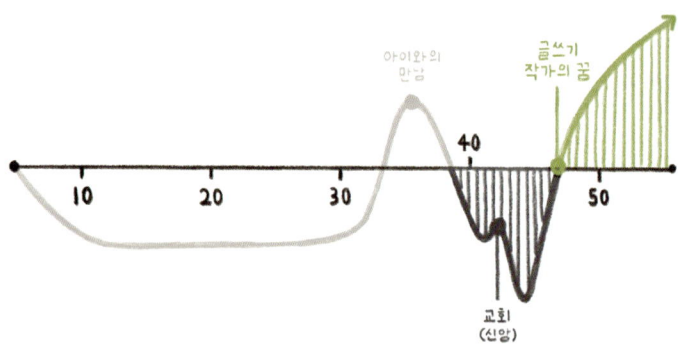

    어려서부터 나에게 주어진 삶의 무게는 참으로 버거웠다. 원하지 않았고, 선택하지도 않은 삶이었지만, 하루 24시간, 365일이라는 시간이 나에게 주어졌다. '나는 왜 태어났을까? 무엇을 해야 하지?'라는 질문들로 내 머릿속은 칠흑같이 어둡고 늘 번잡했다. 무엇을 꿈꾸고자 하는 의지도, 소망도 없었다. 이런 나에게 사람들은 한결같이 "왜 그렇게 사느냐", "네가 하는 게 그렇지", "한심하다"라며 비난 섞인 훈계를 일삼았다. 나라고 그렇게 살고 싶어서 살았을까. 나는 그렇게 '한심한 아이'로 낙인찍혔고, 서서히 세상으로부터 고립되었다. 가족이라는 울타리에서조차 함께 하기 꺼려지고 불편한, 아픈 손가락이 되었다.

　서른이 넘어가면서 결혼에 대한 압박이 들어왔다. "사랑해"라는 말이 참 많이도 고팠던 나는 결국 36세에 결혼에 성공했다. '드디어 나도 내 울타리, 내 가족이 생기는구나!'하는 설렘으로 가득 찼다. 비록 불안함과 사람 관계에 대한 결핍이 있었지만, 나는 새로운 시작을 꿈꿨다. 하지만 그 결혼은 도망이었다. 불완전한 인생을 덮기 위해 누군가의 그림자 뒤에 숨고자 했던 나의 불순한 의도를 알아채기라도 한 걸까? 알코올 중독, 생활고, 여성으로서의 모멸감을 견디며 선물 같은 내 아이를 지켜내는 삶은 결코 녹록지 않았다. 결혼은 나에게 또 다른 고통과 서러움을 주었고, 나는 점점 고독해졌다.

　결국, 나는 모든 것을 내려놓기로 결심했다. 전화번호, 집 주소 등 모든 흔적을 지우며 나와 아이만의 울타리를 만들기 시작했다. 셋이 아닌 둘이라서 좋아하던 고기를 사 먹을 수 있는 아이러니한 상황이 벌어졌다. 햇빛 한 줄기 들어오지 않던 지하 방에서 벗어나 화초도 키울 수 있게 되었다. 밤마다 전쟁이던 집이 고요하고 평화로워졌다. 이제는 나만 잘하면 될 것 같았다. 하지만 잠시나마 내 것인 줄 알았던 행복은 나에겐 사치였고, 하룻밤 단꿈에 지나지 않았다.

나와 아이를 지켜내기 위해 온몸으로 막아내었던 악몽 같은 문. 그 문은 나의 깊은 트라우마로 남았다. 문 하나를 사이에 두고 처절했던 기억들이 나를 6개월간 괴롭혔고, 나는 심한 우울감에 시달렸다. 누군가가 친정집이나 교회에 찾아와 소동을 벌일까? 혹은 길에서 마주칠까? 두려워하며 불안 속에서 하루하루를 버텼다. 그 와중에 "지금이라도 시댁에 아이를 보내라"며 친정 식구조차 나와 아이를 외면했다. 나는 세상에 또다시 내몰렸다. 아이도 나와 마찬가지였다. 어린 나이에 감당하기엔 너무나 큰 삶의 무게가 주어졌다. 아이는 그 나름대로 극도의 불안과 두려움을 온몸으로 표출했다.

"엄마, 나 사랑해? 나는 왜 태어났어? 행복하지 않아. 나는 죽어야 돼…."

아이의 모든 원망과 공격에 나는 속수무책이었다. 처절하고 절박한 아이의 질문에 나는 어떠한 답도 해줄 수 없었다. 그저 '엄마도 모르겠어'라는 말만 되뇌일 뿐이었다.

그 무렵 나는 교회를 찾았다. 교회는 당시 나의 아픔과 서러움을 털어낼 수 있는 유일한 공간이었다. 그곳에서 무던히도 울었다. 누구보다 행복하게 살고 싶었는데, 누가 핏줄 아니랄까봐. 사랑만 받기에도 부족한 아이의 생은 대물림이라도 하듯, 나의 결핍과 상처로 얼룩지고 망가져가고 있었다. 나는 가슴이 미어졌다. 하늘은 감당할 만한 시험만 준다고 했는데, 왜 나에겐 이렇게 감당하기 힘든 시련이 주어졌을까? 모든 게 원망스러웠다. 지독히도 아팠고, 혼자라서 서러웠다. 이런 상황을 예측이라도 하듯 십대의 나는, 생이 마흔에 끝나게 해달라고 빌고 빌었었나 보다.

과연 이 무지렁이 같은 내 삶에도 희망은 찾아올까? 아이와 나를 눈물짓게 하는 쓴 뿌리들이 사라져 이젠 살 만하다고 고백하는 날이 오기는 올까? 나는 아무것도 확신할 수 없었다.

유금의
이야기

아이는 어때요?

나는 내 안에 이렇게 많은 화가 있는 줄 몰랐다. 아이에게 수없이 쏟아내면서도 그 분노는 멈출 줄을 몰랐다. 그러던 어느 날 얼굴에 붉은기가 올라오고 염증이 생겼다. 햇빛 알레르기, 맞지 않는 화장품, 몸 안의 독소, 그리고 억눌린 화…. 얼굴은 점점 뜨거워졌고, 피부 장벽이 무너져 홍조가 생겼다. 거울을 볼 때마다 침울했다. 내 몸을 돌보지 않은 결과였고, 어느 누구도 원망할 수 없었다. 그로 인해 외출도 꺼려졌다.

"얼굴이 이래서 죄송해요."

만나는 사람들에게 특별한 이유 없이 먼저 사과하기 일쑤였다. 피부과 치료로 잠시 나아졌지만, 유효기간이 지난 두유가 내 몸에 또다시 독소를 내뱉었다. 나는 마스크로 홍조를 가리려고 애썼다. 그럼에도 비죽 튀어나온 붉은 염증을 본 한 아이는 천진난만하게 말했다.

"와, 따개비 같다"

 아이니까 그럴 수 있지, 하고 넘겼지만 그 말은 나의 마음속 깊이 박혀 지금도 생생하다. 사람들의 시선은 여전했고, 홍조도 점점 심해졌다. 그러나 나는 더 이상 그것에 얽매이지 않기로 했다. 과감히 마스크를 벗고 홍조를 드러냈다. 대신 선크림도 꼬박꼬박 바르고, 양산도 챙겼다. 사람들은 나의 홍조에 주저 없이 궁금증을 쏟아냈다. "힘들었겠다"며 격하게 공감해 주는 사람, 피부과나 한의원을 추천해 주는 사람도 있었다. 어떤 사람은 "혈색이 좋아 보여요"라며 나의 붉은기를 칭찬해 주기도 했다. 더러는 내 얼굴을 기억하지 못하다가도 홍조를 먼저 알아보고 인사를 건네기도 하였다.

 내 얼굴의 홍조만큼이나 나는 내 이름 '金有金'이 부끄러웠다. 발음하기 어렵고 존재감을 드러내야 하는 이름, 중학교 때 영어 선생님이 나를 "김유김"이라고 불렀던 그 기억. 앞뒤로 '금'이 두 개나 있지만, 나는 그 이름에서 늘 쇳덩이 같은 무거움을 느꼈다. 그 무거움을 떨쳐내고 싶어 개명을 고민했지만, 나의 귀차니즘 때문에 실행에 옮기지는 못했다. 지금은 오히려 "이름 예쁜데요"라는 칭찬 릴레이를 받으며 점점 쇳덩이의 유익에 스며들고 있다.

 최근까지 나를 가장 무겁게 짓누른 건 아이에 대한 외부의 평가와 시선이었다.

"아이는 어때요?", "학교는요?"

아이는 등교 및 학습 거부, 극도의 불안과 공격성으로 학교에 적응하지 못했다. 아이의 학교 생활은 나의 숨기고 싶은 치부이자 극도의 스트레스였다. 주 5일간의 1:1 밀착 수업에도 하루가 멀다하고 벌어지는 위험천만한 돌발행동, 언제 울릴지 모르는 선생님의 호출에 나는 늘 살얼음판을 걸었다. 마치 모든 게 내 탓인 것만 같았고, 학교와 반 아이들, 학부모 앞에서 나와 아이는 늘 죄인이었다.

그러던 중 작년 10월 말부터 나는 아이의 은밀한(?) 학교생활을 내려놓기로 했다. 학생인 듯 아닌 듯 아이의 홈스쿨링이 시작되었다. 나와 아이의 주체적인 선택이었고, 아이가 원하면 언제든 학교에 갈 수 있다는 학교 측의 배려도 있었다. 학교와 학습을 배제하자 비로소 아이의 세상이 보였다. 다시 시작할 용기가 생겼다. 가장 먼저 나는 바쁘다는 핑계로 엄두도 못냈던 집 근처 북한산에 아이와 함께 올라갔다. 6주간 바리스타가 되어 서로를 위해 드립커피와 디저트를 만들었다. 책과 일상의 여행을 통해 다양한 사람과 상황들을 만나며 배려와 존중을 배웠다. 운동을 통해 건강한 땀을 흘리며 인내와 집중력을 배웠다. 긍정적인 자극으로 마음이 채워지고 신뢰가 쌓이자, 아이는 어느 날 나에게 말했다. "엄마, 나 학교 갈래~"

그날로 아이는 책가방을 메고 다시 등교를 시작했다.

여전히 남아 있는 홍조와 내 이름 속 쇳덩이처럼, 아이의 학교생활도 언제 또다시 빨간불이 켜질지 알 수 없다. 어쩌면 이전보다 더 날카로운 칼이 되어 내 삶을 송두리째 흔들어 놓을 지도 모른다. 그러나 나는 완전함이 아닌 온전함을 향해 선택과 집중을 하기로 결정했다. 설령 촌스럽고 답답해 보일지라도 나는 내 선택을 믿는다. 내 삶의 주인공은 바로 나 자신이기에. 이제 더 이상 나는 "아이는 어때요?"라는 말에 흔들리지 않는다. 아이는 아이대로, 나는 나대로 너무 오랫동안 꺾이고 부정당하고 묵살되었던 참 자아를 찾아갈 뿐이다.

비둘기 한 마리

아이에게서 전화가 왔다. 무려 5통의 부재중 전화 끝에 연결된 통화였다.

"엄마, 놀라지 마. 오늘 마술 선생님이 살아있는 비둘기를 한 마리씩 주셨어." "응? 진짜 살아있는 비둘기??" "응!!!" 아이는 한껏

들뜬 목소리로 말했다.

 식물 외에는 살아있는 곤충이나 동물을 싫어하는 엄마라는 걸 아이는 너무도 잘 알고 있었다. 아이의 배려였겠지. 하지만 그게 진짜일까? 공원에서조차 비둘기가 가까이 오면 싫은데, 집에서 비둘기를 키우다니! '애들은 좋아했겠네. 새장을 하나 사야 하나? 비둘기 밥은 뭘 주지?' 걱정은 꼬리에 꼬리를 물었다. 그러다 '비둘기 똥은?' 그 순간 머릿속이 하얘졌다. 그런데 아이가 데려온 건 다름 아닌 장난감 병아리였다. 가슴을 쓸어내렸다. 너무 긴장했던 탓에 팔다리가 저릿했다. 잠시만 생각했어도 방과 후 미술 선생님이 진짜 비둘기를 줄리 없는데, 아이의 장난에 나는 깜빡 속아 넘어갔다.

 비둘기 사건 뿐 아니다. 평소에도 나는 진위 여부를 떠나서 불쑥 내 안에 들어와 버린 상황이나 감정에 완전히 매몰되곤 했다. 나의 머릿속은 늘 복잡하고 시끌시끌했다. 힘들었던 결혼 생활 끝에 홀로 남겨졌을 때도 마찬가지였다. 어느 날 남의 편 친구에게서 화해를 요하는 문자를 받았다. 잘 알지도 못하면서 남의 가정사에 멋대로 끼어든 그에게 장문의 답신을 보냈다. 그러던 중 비로소 깨달았다. '아, 나 정말 많이 힘들구나.' 그 순간 나는 나의 힘듦을 마주했다. 애써 외면했던 무게감은 백배, 천배의 부메랑이 되어 나의 세상을 와르르 무너뜨렸다. 길을 걷다가도 웃는 사람, 애정을 표현하는 커플, 단란한 가족을 보면 나는 화가 났다. 속으로 끝도 없이 시비를 걸었다. '나는 이렇게 힘든데, 뭐가 그리 즐거워서 웃어? 내게 없는 행복이 왜 저 사람들한테는 허락되는데? 눈에 넣어도 안 아픈 내 아이는 왜 반쪽짜리 사랑밖에 못 받는 거야?'

당시 내가 마주한 현실은 끝을 알 수 없는 칠흑 같은 지하에서도, 더 떨어질 나락을 향해 서 있는 위태위태한 삶이었다. 나의 심사는 배배 꼬여 뒤틀리고 감정은 널 뛰었다. 이런 나에게 상담 선생님은 "마치 당장 길바닥에 나앉은 사람 같다"고 말했다.

결국 항우울증약을 처방받았다. 그러나 의사는 6개월의 진료 끝에 우울증이 아니라고 결론 내렸다. 이유는 간단했다. 나는 잠도 잘 자고, 식욕도 좋다는 것이었다. 그 당시 나는 기본적으로 밥 두 세 공기씩 하루에 네다섯 끼를 챙겨 먹었다. 살아가야 할 이유도 없었지만, 차마 죽을 용기조차 없어서 내 몸이 마지막으로 선택한 저항이 '탄수화물 중독과 잠'이었다. 과연 이 말을 했더라면 나의 힘듦이 전해졌을까? 내가 감당해야 할 삶의 무게가 조금은 가벼워졌을까?

내 한 몸 돌보기 버거운 나날이었다. 그 사이 아이는 놀이치료, 미술치료, ADHD 등 다양한 검사와 치료를 받았다. 동시에 아이는 나의 부정적 감정들을 그대로 흡수하며, 몸이 커갈수록 더 격렬하고 집요하게 부작용을 토해냈다. 말더듬과 야뇨증, 불안과 공격성 등으로 무장한 채 나와 세상에 적의를 드러냈다. 그럴수록 '혹시 잘못된 길을 걷지는 않을까'하는 노파심에 나는 세상의 기준과 잣대를 아이에게 들이밀었다. 아이는 억압당했고 결국 엄마조차 믿지 않는 불행한 아이가 되었다. 행복해지기 위해 아이를 선택했지만 어느새 우리는 서로의 족쇄가 되어버렸다. 그래서 나는 내가 유일하게 잘했고, 잘 할 수 있는 시체놀이를 하기로 했다. 나와 아이만의 세상에서 미동도 없이 그저 무기력하게 누워만 있는 일이었다. 한 줄기 빛을 간절히 바랐지만, 나에게 기적은 결코 일어나지 않았다.

그런 나를 일으켜 세운 건 다름 아닌 내 아이였다. 너무도 외롭고 불안했을 내 아이. 나의 못난 모습까지도 쏙 빼닮은, 세상에서 가장 소중한 보석 같은 아이. 아이는 유일한 내편이자 내가 살아갈 이유였다. 나는 조금씩 깨달았다. 아이뿐만 아니라 나의 삶도 세상 멋지고 소중하다는 사실을 말이다. 나는 더 이상 과거의 상처에 얽매이지 않기로 했다. 과거는 과거일 뿐, 현재에 집중하기로 했다. 주체적으로 행복을 찾을 권리가 내게 있는 한, 나의 선택과 결정을 신뢰하며 나만의 길을 가기로 했다. 그 길에는 나와 아이가 만드는 행복과 성장의 기분 좋은 고속도로가 펼쳐질 것이기에!

누구 편? 오롯이 내 편!

아이가 주황색 핸디 선풍기를 잃어버렸다. 순간 나의 뇌는 멈췄고, 분노가 치밀어 올랐다.

"너 물건 좀 소중히 다루면 안 돼? 몇 번 쓰지도 않았는데 벌써 잃어버리다니!" 한바탕 비난을 퍼부었지만, 뭔가 석연치 않았다. 문득 며칠 전 방바닥에 널브러진 책을 정리하라고 했을 때가 떠올랐다. 아이는 몸만 빠져나가고, 정리는 몽땅 내 몫이 되었다.

"한집에 사는 건데 왜 맨날 나만 해야 돼? 이제 안 할 거야. 네가 해!" 내 말에 아이는 침대 위, 거실, 식탁 위에 아슬아슬하게 책을 쌓으며 정리하기 시작했다. 그러다 와르르 쏟아졌다. 나는 아이에게 괜찮냐고 물었지만 내 눈은 이미 찢어진 책에 고정되어 있었다.

"야! 책을 이렇게 다뤄서야 되겠어? 이럴 거면 집에 있는 책 다 팔아버릴 거야!" 한번 분노 버튼이 켜지자 멈출 수가 없었다. 이미 그만해도 될 상황이었지만, 나는 계속 아이를 혼내고 있었다.

사실 그 선풍기는 아이가 퀴즈를 맞춰서 받은 것이었다. 그리고 아이가 내게 준 쌍둥이 선풍기는 여전히 내 가방에 고스란히 들어 있었다. 그럼에도 나는 마치 처음부터 내 선풍기를 아이가 함부로 잃어버렸다 생각했고, 그 상황을 인정해야 한다는 자체에 망연자실했던 것이다. 고작해야 5천 원 짜리에 불과한, 있어도 그만 없어도 그만인 그 작은 선풍기가 도대체 뭐라고 나는 아이를 그리 닥달했던걸까? 아이가 일부러 잃어버린 것도, 소중히 여기지 않은 것도 아니었는데… 누구보다 속상한 건 아이였을텐데 말이다.

책도 마찬가지였다. 아이는 책을 함부로 다룬 적이 없었다. 그저 엄마가 시킨 대로 책을 정리했을 뿐이다. 언제나 내게 힘과 위로를 주던 책, 책은 나에게 인생의 정답과도 같았다. 그래서 내 아이만큼은 정답지 안에서 올곧고 편히 자라길 바랐고, 책 좋아하는 아이는 내 유일한 자랑이었다. 그런데 그 소중한 책이 한순간 망가지고 찍히고 찢어진 것이다. 내가 책이고, 책이 나 자신이길 바라며 수고하고 애쓴 지난날의 내 인생마저 부정당한 기분이 들었다.

그날 밤, 나는 내 상실감과 화를 곰곰이 들여다보았다. 그리고 깨달았다. 내게는 늘 뭔가 빼앗길까 두려운 마음이 있었다. 고등학생 때 길에서 잃어버린 언니가 준 손목시계, 지하철에서 놓고 내린 우산, 자격증 시험을 위해 챙겼다가 못 찾은 신분증까지. 상실의 기억들은 오랫동안 나를 괴롭혔다. 그러나 시간이 지나면서 그 빈자리를 새로운 물건들이 대신했고, 상실감도 자연스레 사라졌다. 돌이켜보면, 머리가 아닌 가슴으로 깨달은 크고 작은 발견들이 있었다. 그 깨달음을 통해 나는 비로소 숨을 내쉬며, 삶에 대한 감사를 할 수 있었다.

아이는 작년까지만 해도 어몽어스나 로블록스의 공포스러운 캐릭터들을 하루 종일 이야기하곤 했다. 피해의식과 원망, 불평으로 가득 찬 아이의 말을 듣고 있으면, 내 영혼까지 지치는 듯했다. 그러나 애써 나의 감정을 누른 채, 아이에게 물었다.

"오늘은 또 뭔데? 뭐가 그렇게 억울해?"
아이는 기다렸다는 듯이 누워서 잠들 때까지 확인되지 않은 과거의 일까지 소환해 살을 붙여 모든 사람을 악당으로 만들어 갔다. 이렇게라도 아이의 감정을 들어주는 게 맞는지, 악순환의 고리를 끊고 싶은 마음이 간절했다. 그러던 중 아이의 상담 선생님께 〈오늘 잘해준 사람, 즐거웠던 일, 행복했던 일 찾기〉 미션을 받았다. 처음에는 아이가 좋아하는 햄버거나 아이스크림 같은 쉬운 답을 대신 찾아주었다. 억울함과 화남에 줄곧 머물며 애간장을 태우던 아이의 시선이 점차 재미와 기쁨으로 바뀌어 갔다. 아이가 일상의 이야기 속에서 '행복'이라는 단어를 말할 때, 재잘재잘 말하는 그 입

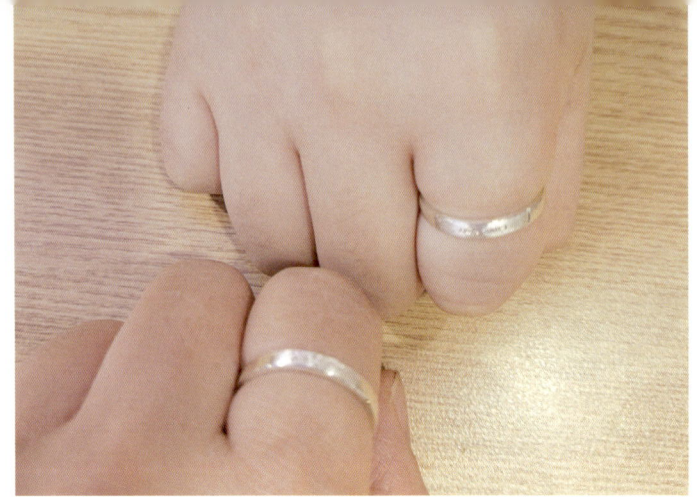

술이 그렇게 사랑스러울 수가 없었다. 아이의 시선을 좇아 함께 머무는 티키타카의 일상 또한 온전히 내 것이 되었다. 세상은 처음부터 내 편이었고, 기적은 현실이 되었다.

믿어주고 응원하는 엄마를 '오롯이 내 편'으로 받아들인 아이는 조금씩 성장해 갔다. 나 또한 아이 덕분에 행복하다는 진실을 마주하며 평온한 일상을 맘껏 누릴 특권을 얻었다. 삶의 여유뿐 아니라 내 얼굴의 웃음도 다시 찾았다. 요즘 나는 아이와 대화할 때나 사람들을 만날 때, 사진을 찍을 때마다 환하게 웃고 있는 나 자신을 발견한다. 물론 가끔 어둡고 축축한 터널을 지날 때도 있지만, 그럴 때마다 나는 다시 웃음 버튼을 꾹 누른다.

"오롯이 내 편 나와라. 오버."

너에게

　평범이라 이름 붙이기에도 부끄러운 나의 삶에 선물같이 찾아온 나의 아이. 나의 보물이자 나의 천사인 너, 세인아~ 안녕? 엄마는 너를 만나고 결코 평범하지 않은 아주 특별하고 소중한 매일 매일을 살아가고 있어. 그래서 힘드냐고? 아니! 너무 귀하고 너와 함께여서 행복해^^

　얼마 전 한부모가족 모임에서 한 사회자가 넌센스 퀴즈를 내며 내게 물었지.
"싱글이세요?"
"아뇨. 아닌데요?"
"그럼 여기 왜 오셨어요?"
'무슨 질문이 이래?' 선물을 거저 주기 위해 재차 묻는 질문에도 "싱글 아닌데요...."
'아이랑 둘인데요' 라는 말이 입안에 계속 맴돌았어. 선물이 탐날 정도로 좋은 것도 아니었지만 엄마는 세인이를 만나고부터 한 번도 싱글이라고 생각해 본적이 없었던 것 같

김유금

아. 언제나 그렇듯 엄마는 세인이랑 둘이었으니까.

 그래, 엄마는 늘 세인이와 함께였고, 네 앞에서만큼은 부끄럽거나 작아지지도 않았어. 있는 모습 그대로 모든 걸 보여 주었지. 음치 박치 몸치인 엄마가 랩이며 판소리 등 장르를 넘나들며 목청껏 노래 불렀어. 뻣뻣한 몸을 구겨가며 율동을 따라 했고, 책 좋아하는 너를 위해 1인 3~4역을 소화하며 동화책 녹음까지~ 그때마다 너는 언제나 나의 소중한 1호팬이 되어 주었지. 너의 응원과 지지 덕분에 너의 작은 세상에서 엄마는 뭐든 할 수 있었어.

 네가 태어나면서 어린 아이들이 급 좋아졌고, 자동차 오토바이에 관심 있던 널 위해 오토바이 대리점, 자동차 대리점에 무작정 들어가 팸플릿 있냐고, 한번 타볼 수 있냐고 용기도 내보았어. 너무 떨려 천장을 보며 발표를 할 정도로 소심하고 내성적인 엄마가 미처 토해내지 못한 너의 억울한 말, 너의 감정들을 대변하기 위해 선생님들 앞에서도 고개 꼿꼿이 세우고 말할 정도로 담력도 생겼어. 너와의 시간들이 힘들기도 했지만 너와 함께여서 엄마는 참 좋았어.

 지금도 너와 함께여서 혼밥할 걱정 없이 맛집 투어도 다닐 수 있고, 너의 실시간 수다 덕분에 외로움을 느낄 새가 없어. 외로워지려면 따로 시간을 내야 할 정도니 말이야. 흥 너의 재잘재잘 사랑스런 입으로 "엄마 사랑해요" 뜬금없는 고백을 들으며 하루가 또 행복해지고, 악몽에 시달리다 새벽에 잠들기 무서울 때면 너의 작은 숨결과 작은 손을 통해 전해지는 체온이 어찌나 안심이 되고 든든하던지. 핫팩도 부럽지 않을 정도로 나의 꽁꽁 언 손도 녹여주던 너의 조그마한 손난로. 네가 있어 참 행복하고 즐거운 매일이야.

불안 불안한 엄마를 위해 그동안 속 끓이고 애써준 나의 사랑 세인아~

이젠 엄마가 너의 든든한 울타리가 되어 줄게. 네가 베풀어 준 것처럼 엄마의 세상에서 맘껏 날아 올라봐. 호기심 많고 흥부자인 너, 너의 작은 세상이 더 큰 세상으로 뻗어나갈 때, 너의 세계를 다채로운 색깔들로 듬뿍 채워 나갈 때, 너의 삶이 찬란하게 빛날 때 엄마가 있어서 든든하고 힘이 난다고, 혼자가 아닌 둘이라서 외롭지 않고 행복했노라고. 너의 삶이 이런 입술의 고백들과 함께 하기를~ 응원하고 축복해.

요즘은 어때요

우리 집엔 달팽이 한 마리가 살고 있다. 이름은 '박팽이' 아이가 지어준 세상 만만한 이름이다. 벌레 같은 생명체는 꺼리게 되지만, 달팽이는 다르다. 작고 무해해 가족으로 받아들이기는 수월했다. 처음 2주간 흙 속에서 미동조차 없어 혹시 죽었나 싶어 두 번이나 플라스틱 숟가락으로 헤집어 생사여부를 확인했다. 사전 지식이 없으니 밖으로 나올 때까지 그냥 기다리는 수밖에 없었다. 며칠 후, 드디어 팽이가 집 밖으로 얼굴을 내밀었다. 그 순간, 헤어짐에 대한 불안과 걱정을 떨쳐낼 수 있었다. 달팽이는 배가 고팠는지 사료를 맛있게 먹기 시작했고, 느리다는 편견을 깨고 천천히, 그러나 확실하게 자신의 세상에서 움직이고 있었다.

며칠 굶주렸던 작은 생명체가 야무지게 먹는 모습이 마냥 신기해 아이와 한참을 지켜보았다. 가족의 응원과 지지를 받으며 한참을 먹고 난 팽이는 여기저기 활보하며 자신의 존재를 알렸다. 폭염에 웬 동면인가 싶을 정도로 애태웠던 팽이가 이젠 하루에도 몇 번씩 외출을 감행한다. 방울토마토나 양배추보다 가지를 더 좋아한다며 밥투정을 하기도 하고, 사료에 버무린 밥 냄새를 기가 막히게 알아채고 목을 쭈욱 빼고서 잘도 먹는다. 포동포동 살도 찌고 몸집도 제법 커졌다.

그 모습이 나와 오버랩되었다. 나도 오랜 기간 삶의 무게 아래 동면하듯 지내왔다. 그러다 올해 들어 드디어 세상에 발을 내디뎠다. 아이가 2주간 캠프를 무사히 마치고 돌아온 후, 내 안의 불안이 조금씩 걷히면서 나 역시 밖으로 나갈 자신감이 생겼다. 이제껏 좌절되어 왔던 나를 찾기로 했다. 망설이고 고민만 하다 흘려보낸 지난 세월이 너무 아까워 내 몸에 새로운 껍데기를 장착하기로 결심했다.

사이버대학 편입과 미술심리상담사, 공간 크리에이터 등 다양한 활동을 하며 그 동안의 갈증과 허기를 가득 채웠다. 그러나 달팽이가 몇 번의 외출 끝에 잠시 쉼을 찾듯, 내 몸이 자꾸 신호를 보내왔다. 9개월 동안 멈추지 않고 달려온 탓에, 몸도 마음도 지쳤다. 한 번의 취미로 끝나버린 자격증 과정, 천직이라 생각했던 공간 크리에이터조차 나의 부족함만 자꾸 드러내며 겨우 찾은 자신감을 갉아 먹고 있었다. 내가 선택한 길에서 오는 성취감이 컸지만, 동시에 어느 것 하나 제대로 이룬 게 없다는 실패감이 컸다. 나는 더 이상 예전의 내가 아니었지만, 새로운 도전들은 나를 다시 위축시키고 있었다.

그러던 어느 날, 아이가 나에게 다가와 물었다. "엄마, 숙제가 좋아? 내가 좋아?" 이 질문은 나를 깊이 돌아보게 했다. 삶의 우선순위가 다시 정리되기 시작했다. 아이와 나의 응원과 지지 속에 집 밖을 맘껏 활보하고, 먹은 대로 똥도 뿌지직, 자유롭게 자기의 세상을 펼쳐가는 달팽이처럼 나도 잠시 껍데기 속으로 들어가 숨을 고를 시간이 필요했다.

나는 정제되지 못한 나의 감정과 삶의 무게들로 쉼이 필요할 때 언제든 열고 닫을 수 있는 안전장치를 걸어 두기로 했다. 바로 글쓰기이다. 내 몸과 마음을 가장 건강하게 돌보기 위해 선택한 가성

비 꿀템이다. 때론 과도한 당분 섭취로 배탈이 나거나 변비로 지독한 냄새를 풍기는 글똥일지라도 아이와 함께 한편의 긴 스토리를 만들어 가고 있다. 많이 촌스럽고 좌충우돌이지만 두 눈 반짝이며 오늘도 달팽이의 외출을 감행한다.

달팽이가 때로는 느리게, 때로는 활발하게 세상을 살아가듯 나도 나만의 속도로, 나의 선택을 존중하며 앞으로 나아가리라 다짐한다. 새로운 세상과 사람과 책을 만나며 들숨과 날숨을 번갈아 내쉰다. 오늘도 살아 있음을 직면한다. 주체적인 선택을 통해 곳곳에 숨어있는 행복을 발견하며 시행착오의 수고도 겸허히 받아들인다. 그리고 다시 세상을 향해 당당하게 말할 날을 고대하며 속삭인다.

"This is me!"

두 번째 이야기

단지 마음만 먹었을 뿐이다. 그러자 신기하게 상황이 변하면서 길이 열리기 시작했다. 물론 고속도로처럼 막힘 없이 일사천리로 진행 된 것은 아니었다. 당시에는 길인지도 몰랐는데 지나고 나니 길이 보였다. 한 때는 두려움과 막막함에 쌓인 채, 내가 가는 이 길이 옳은 길인지 제대로 된 선택지였는지 불안에 떨었던 적도 있다. 그러나 이제는 안다. 내가 내딛는 걸음걸음이 내 길이 되리라는 것을! 그래서 이제는 길위에 선다. 서핑을 하듯이 파도에 나를 맡긴다. 이것이 자유로움이 아닐까?

지 예 나

 어른이 되며 흐려지고 낡아지고 주저앉은 '나'는 다시 어린 시절의 '나'와 연결을 시도합니다. 반짝반짝 빛나고, 생동감 넘치고, 끝까지 해냈던 나를 기억해내기 위해 과거와 현재의 '나'가 만납니다. 여전히 내 안에 있는 수많은 나를 발견합니다. 나의 씨앗들이 누군가의 가슴에 내려앉아 그들의 마음속에 삐죽 위로를 건네주길 바랍니다. 따스함이 번져 그들의 마음도 은은히 데워지길 소망합니다.

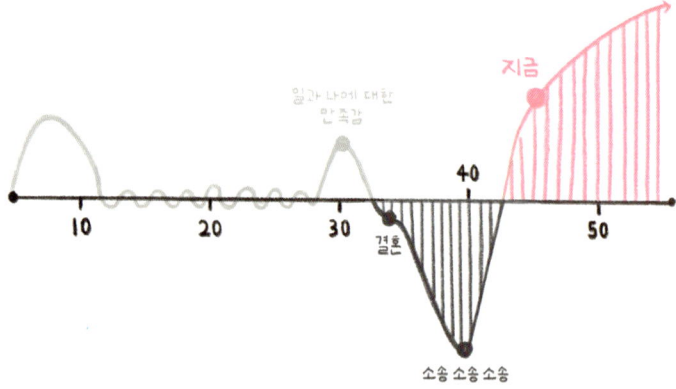

　철로 된 초록색 낡은 대문, 한쪽 모퉁이에 커다란 가마니 두 개가 놓여있다. 안을 그득하게 채운 것은 손때묻은 동네 아이들의 딱지들. 몇 날 며칠 기술을 연마하여 마침내 딱지치기 대장이 되었다. 소녀는 개구지고, 호기심도 많고 욕심도 많았다. 구슬 놀이, 비석치기, 땅따먹기, 그 시절 주변 모든 것들이 놀 거리였다. 예닐곱 살쯤이었나…. 어른들이나 타고 다닐법한 커다란 짐 자전거를 끌고 나가 마침내 개선장군처럼 돌아왔다. 삐쩍 마르고 자그만 계집아이가 자기 몸집보다 몇 곱절은 커다란 자전거를 능숙하게 몰고 다니는 것을 보면서 동네 어른들은 혀를 내둘렀다. 하루가 저물도록 늦게까지 자신의 에너지를 온통 쏟아내고 돌아오면 아이는 책으로 깊숙이 들어갔다. 제일 좋아했던 책은 명탐정 호옴즈!! 40권이나 되는 전집을 수도 없이 반복해서 읽고 또 읽었다. 거실 한 켠에 의자를 두고 앉아 빈 파이프를 물었다. 홈즈처럼 될 수 있을까 싶은 엉뚱함이었다. 세상의 근심도 고민도 없이 그저 즐기기 바빴던 딱 고만한 나이대의 아이다움이었다.

6학년 때 반 친구였던 초희가 '스무 살까지만 살고 싶어요'라는 제목의 책을 학교에 들고 왔다. 골수암에 걸린 '초희'라는 동명의 주인공에 관한 이야기였다. 투병 생활을 하던 그녀는 스무 살을 넘기지 못하고 결국 하늘로 돌아갔다. 초희에게 깊이 이입된 나는 그녀가 그토록 붙잡고 싶었던 삶을 영위하는 것에 죄책감이 들었다. 아마도 그때부터였을까? 나보다 다른 사람의 삶을 우선순위에 두고 돌보기 시작했을 즈음이….

이후 삶에 대한 태도가 완벽히 달라졌다. 많은 것들에 회의적이었으며 열정도 사라졌다. 평범한 일상은 사그라지고 그 자욱은 어린 영혼을 깊은 사색으로 이끌었다.

보왕삼매론 중 '억울함을 당하는 것으로 수행의 문을 삼으라 하셨느니라'의 구절은 당시 내 삶의 모티브가 되어, 자신에게는 엄격하고 남에게는 관대하며 나를 낮추고 희생하는 삶을 살게 했다. 그래서 자신에 대한 사랑이 없더라도 남을 위해 나를 던지고 나누었다. 재산이나 학력이나 외모에 편견을 갖는 건 세속적인 것이라 생각했다. 그래서 높고 낮음 없이 사람을 대하려 노력했고, 나와 반대편에 있는 사람도 이해하고 수용하기 위해 마음을 다스렸다.

이러한 노력은 딱 그런 사람과의 결혼으로 결실을 맺었다. 성격이나 외모, 경제력, 아무것도 갖추어지지 않은 사람이었다. 그럼에도 '내가 많이 부족해. 가르쳐주면 잘 배울게.'라는 말을 듣고 그 사람을 선택했다. 사람을 진심으로 대하면 상대방도 그럴 것이라고 믿었던 것이 화근이었다. 결국, 내 선택을 받기 위해 위장한 말이었다는 것을 얼마 가지 않아 깨달았을 때는 이미 늦은 후였다. (아…. 아무것도 늦은 게 아니라는 걸 지금의 나는 알 수 있지만, 그땐 미처 몰랐다.)

십 년 가까운 결혼 생활 속에 켜켜이 쌓아 올린 건 수많은 자기학대였다. 내가 살기 위해서 그를 이해하고 존중하기 위해 끔찍한 에너지를 쏟아부었다.

예나의 이야기

남들도 다 그렇게 산다.

아동학대 사건으로 상대가 퇴거 조치 되었다. 퇴거 종료 하루 전, 극적으로 원룸 하나가 구해졌다. 코딱지만 한 작은 방이라 이사라기엔 민망한 수준이었다. 가구와 가전을 모두 두고 옷가지와 책가방, 당장 써야 하는 간단한 살림살이만 챙겼다. 피난민의 심정이 이러했을까? 이사를 도우러 새벽부터 부모님이 올라오셨다. 아버지는 지긋이 나를 바라보더니 가만히 입을 떼셨다.

"예나야, 너만 이렇게 사는 게 아니다. 아버지도 힘든 시절이 있었고, 사람들 대부분 다 이렇게 참고 산다. 꼭 이렇게 해야 하냐?"
"……"
"애들은 어떻게 할 거냐? 아직 어린 애들한테 이게 무슨 상처냐? 그냥 네가 좀 더 참고 살아라."

예의 점잖은 그 말씀을 듣고 있자니 미친 듯이 화가 났다. 당시 아홉 살이던 큰아이가 돌도 되기 전 일이다. 이종격투기를 즐겨보던 그가 아이 문제로 다툼이 생기자, 나를 신나게 두들겨댔다. 충격으로 어찌할 바를 모른 채 아이만 데리고 다음 날 친정으로 몸을 피했다. 무슨 일로 왔냐는 엄마의 말씀에 '그냥 왔어'라고 변 해 보았지만, 온몸에 든 멍 자국때문에 숨기려야 숨길 수도 없었다.

한 달 여쯤 지났을까? 아이 아빠는 고개 뻣뻣이 세우고 친정으로 찾아왔다. 아버지는 그때도 '손바닥도 마주쳐야 소리가 난다.'라는 논리로 나와 그, 둘 다의 잘못으로 치부해 버렸다. 엉겁결에 떠밀리듯 집으로 돌아와야 했다.

인터넷에 한 때 '시집가는 딸에게'라는 글이 유행했다.

[딸아! 갔다가 이 남자가 아니다 싶으면 빨리 돌아와야 한다….
남자는 지금 아니면 나중에도 아니다.
나이를 먹는다고, 아이를 낳는다고 철이 들거나 달라지지 않는단다.
갔다가 아니면 하루라도 빨리 와야 한다.
친정 부모 체면 같은 건 생각하지 마라.
남의 말은 삼일이다. 엄마는 누구네 딸 이혼했다는 손가락질 하나도 안 부끄럽다. 갔다가 아니면 빨리 돌아와라.
엄마가 언제든지 기다리마.]

 여느 어르신들처럼 아버지도 카톡으로 명언이나 좋은 글들을 열심히 전파하셨다. 나에게도 글이 전해졌다. 친정 부모님이 언제든지 나를 받아줄 수 있었다면 얼마나 좋았을까? 아버지가 지켜주지 못한 나는 그 뒤로도 8년을 더 노예 같은 삶을 살았다.

 그런데도 여전히 답답한 말씀을 하시다니!! 아버지의 말이 커다란 칼처럼 나에게 내리쳐졌다. 너무나도 끔찍하게 느껴졌다. 말과 행동이 너무 다른 위선자 같았다. 와락 울음이 터졌다.
 "아빠는 내가 그동안 얼마나 힘들게 참고 살았는지 알아요? 죽을 것 같아서요!! 살려고!! 살고 싶어서 그러는 거예요!"
 "........."
 "그런데 아빠는 왜! 도대체 단 한 번을 제 편에 서서 저를 지켜주지 못하셨나요?"

 한 마디 한 마디 악에 받쳐 토해내듯이 뱉어졌다.
 "그걸 누가 모르냐? 하지만 예나야, 이 세상 사람들 다 그러고 산다! 아이들은 어쩔거냐"

"아이들이요? 내 인생은요? 지옥 같은 삶 속에서 아이들이 잘 자랄까요?"

아버지 얼굴도 순식간에 일그러졌다. 어깨를 들썩이며 흐느끼셨다. 가슴으로 우는 게 어떤 건지 온몸으로 전해졌다. 엄마는 옆에서 아버지를 힐책하셨다.

"지금 어쩌자고 여기까지 와서 그러는 거요?"

나 때문인 것 같았다. 그러나 이제 와서 멈추거나 되돌릴 수 없었다. 일단 살아야 했다. 그렇게 집을 나왔다.

다음날 부동산 계약을 마치고 뒤를 밟혔나 보다. 늦은 오후 첫 끼를 때우러 찾아간 분식집에 상대방의 엄마가 나타났다. 천연덕스럽게 '네가 여긴 어쩐 일이냐'며 아는 체를 했다. 오싹했다. 머뭇거리는 사이 내 몸을 움켜잡더니 씨름하듯이 그대로 바닥에 내리쳤다. 저항을 못 했기에 머리를 심하게 다쳤다. 더 소름이었던 것은 내가 자기를 밀고 나가다가 다쳤다고 계략을 꾸며낸 것이었다. 집을 나온 첫날부터 험난한 가시밭길이 시작되었다.

사람들은 상황이 힘들어지면 대부분 가장 쉽고 편한 방법을 선택한다. 여성 쉼터에 의지해서 어쩔 수 없이 숨어 살거나 극빈층의 삶을 선택해야만 했다. 이것도 아니면 친정에 의지해서 눈치 보는 삶을 선택할 수도 있었다. 하지만 나는 그 어떤 것도 택하고 싶지 않았다. 나답게 살기로 결정했으니까!

살 곳을 먼저 찾아야 했다. 빈털터리 신세였지만 고시원이나 낡은 반지하가 아닌 아파트로 가기로 결심했다. 손품과 발품을 팔아 적당한 집을 찾아냈다. 엄마는 기동성을 위해 차부터 얻어주셨다. 아이들의 학교에도 상황을 알리고 도움을 요청했다. 부끄러웠지만 주저하지 않았다. 주민센터와 구청담당자에게도 수시로 협조를 구했다. 공무원들도 2년마다 보직을 바꾸는지라 모든 내용을 알 순 없다. 필요한 것은 먼저 공부한 후, 예의를 갖추어 문의했다. 기관에서는 이혼이 마무리돼야 한부모가족 증명서를 발급받을 수 있다고 했다.

"주무관님, 여기 대목을 읽어보니 '공부상'이란 게 있던데요? 가능한지 한 번 봐주시겠어요?"

"아, 지예나 님. 이런 게 있었네요. 가능할 것 같습니다. 서류 쓰러 와 주세요!"

법원에서 받은 피해자 보호 명령 판결문이 있기에 가능했다. 운도 따랐다. 좋은 사람들이 곁에서 힘이 되어주었다. 담임선생님께서 신청해주신 장학금도 받았고, 책상지원도 받을 수 있었다. 어느 한의원에서는 아이들 한약도 지원해주셨다.

　수년이 지났지만 폭행사고의 후유증은 여전하다. 두통으로 잠도 제대로 못 자고 몸 전체에 신경이 다 아프다. 쿠크다스처럼 부서질 듯 약하디약하다. 아직은 남들처럼 평범하게 직업을 갖지도 못하고 일주일에 서너 번은 치료를 받아야 버틴다. 그럼에도 중요한 것은 여전히 살아있다는 것이다. 내 집은 아니지만, 방 세 칸에 화장실이 두 개인 브랜드 아파트, 남들이 가는 길을 따라가지 않은 결과다. 아버지가 말씀하신 '남들도 다 그렇게 산다.'라는 말은 분명 딸을 위해 하신 말씀이리라. 남들과는 다르게 아버지의 말씀 위로 나만의 길을 새겼다.

아! 이러니?

　서울가정법원 2023즈기 xxx 기각결정정본이(가) 전자발송되었습니다(2024.07.25.)

　일 년 전 상대방이 걸었던 이행명령 소송에 대한 판결이 드디어 나왔다. 2020년부터 이어진 소송……. 벌써 몇 번째의 소송인지도 모르겠다. 각종 상해 소송과 아동학대 소송, 이혼소송들이 뒤엉켰다. 이혼소송만도 3년 가까이 걸렸다. 소송들은 나를 한없이 지치게 하면서 또 한없이 성장시켰다. 참 아이러니하지 않나? 글을 쓰는 건 너무 귀찮고 힘들었다. 정말이지 문자 하나 보내는 것조차 손가락에 통증이 느껴질 정도였다. 글을 쓴다는 건 그만큼 내 인생에 없던 일이었다. 그랬던 내가 오랜만에 문장다운 문장을 쓰게 된 건 이혼소송을 시작하면서부터였다.

당시 한국법률가정상담소라는 곳에서 일정 자격을 갖추면(궁핍하다는 게 서류상으로 입증이 되면!!) 무료 변호사를 선임해 주었다. 결혼 생활을 자서전처럼 써 내려가면 그 글을 읽고 변호사님이 방향을 잡아 이혼 소장을 작성해 주셨다. 1심은 위자료 부분에서 일부승소했지만, 상대방의 항소와 상고로 2심과 3심까지 진행됐다. 1심에서는 변호사님이 대부분 변론을 맡아 주셨지만, 나머지 재판은 나 홀로 준비해야 했다. 우리는 가정폭력이 발발하여 사건화가 되었는데 상대방은 나를 쌍방으로 허위고소했다. 목격자인 아이들이 있었으나 판사님은 아이들이 너무 어려서 법정에는 세우고 싶진 않다고 하셨다.

아이들은 자필로 사실확인서까지 준비해야 했다. 나는 폭행 사건의 피고인으로 재판에 섰고, 증인으로 상대방이 나왔다. 일관되

게 멍청했던 그는 법정에서도 횡설수설했다. 자신(원고)의 편인 검사의 질문에도 앞뒤 맞지 않게 어리바리했다. 궁지에 몰린 그는 결국 그 자리에서 사건을 취하했다. 나는 한마디도 하지 못한 채 재판이 끝나버렸다. 아이가 며칠 동안 써 내려갔던 사실확인서도 더 이상 필요 없었다. '처벌불원'으로 없었던 일이 된 것이다.

원통함에 눈물이 폭포처럼 쏟아졌다. 도움을 주신 범죄피해자지원센터의 센터장님께서는 아마도 '증인선서'와 '무고죄'의 압박 때문일 거라고 하셨다. 행위자였던 부의 아동학대 사건도 단순하게 끝나지 않았다. 접근금지조치가 내려졌음에도 불구하고, 그는 아이들 앞에 수시로 나타나서 아이들을 혼비백산하게 했고, 종국에는 집 밖에 나서는 것도 두려워하게 만들고, 좋아하던 학교에도 갈 수 없게 만들었다. 피해자보호명령과 피해아동보호명령 서류, 온갖 탄원서와 준비서면들을 작성해야 했다. 그래서 글은 나에게 피할 수 있다면 어떻게든 피하고 싶은 죽음의 리포트였다.

마감이 있어 다행이었다. 한없이 미루고 미루다 재판 전날 꾸역꾸역 마무리해서 제출했다. 다행히 모든 재판에서 승리를 거머쥐었지만, 정말이지 영광 없는 상처투성이 승리였다.

2024년 7월 중순쯤 '면접교섭 이행 명령' 심문기일이 진행되었다. 수없이 반복된 재판임에도 여전히 긴장되는 나를 느꼈다. 눈을 감고 천천히 심호흡했다. 판사님의 최근 면접교섭 관련 질문에 상대방이 답변했다.

"아이들과 밥도 먹고, 애 엄마와 차 마시면서 이야기했습니다."

참 재밌는 대답이었다. 손을 들어 반박의 기회를 만들었다. 이미 내용을 정리해서 써낸 터라 핵심을 짚어 정확히 이야기할 수 있었다.

"사실과 다릅니다. 아이들이 거부 의사를 밝혔음에도 불구하고 30분 동안 아이들이 도망 다니는 상황이 연출됐습니다."

판사는 사실여부가 확인되자, 상대방에게 말했다.

"○○○씨, 아이들이 인형입니까? 엄마가 장소에 데려다주면 아이들이 감정 없이 인형처럼 가만히 있습니까?"

아이들은 인형과 다르니 아이들이 상처받지 않도록 노력해야 한다는 말도 덧붙였다.

재판은 빠르게 마무리 되었다. 속이 후련했다. 결과가 어떻게 나오든 할 만큼 해냈으니 더 이상 상관이 없다는 생각이 들었다. 아이들도 이제는 스스로 자신을 지켜내리라는 믿음이 생겼다. 참 아이러니하다. 글을 한 글자도 쓰기 싫어하던 '게으른 인간'인 내가 결국 환경이 변하면서 글을 쓸 수밖에 없는 상황이 만들어지다니! 그

것들이 시초가 되어 결국 이렇게 글을 쓰는 행위를 하게 되다니!

한결 가벼워진 마음으로 밖으로 나왔다. 무섭게 내리던 비도 어느샌가 그쳐있었다. 쨍한 햇빛이 비치었다. 비 온 뒤라 그런지 시야가 선명해졌다. 법원 앞 광장 커다란 조형물 밑으로 뚜벅뚜벅 걸어 나갔다. 입가에 살짝 미소가 걸렸다.

미니 집 이야기

일 년 반 사이 세 번의 이사를 했다. 그중 석 달 남짓 살았던 집에 관해 이야기하고자 한다. 그 집은 4층 건물의 맨 꼭대기 층이었다. 2020년 7월 10일에 집을 구했고, 11일에 짐을 옮겼다. 엘리베이터가 없는 건물이라 계단을 수없이 오르내리며 참 힘들었다. 햇빛은 잘 들어왔으나, 한 층에 세 집이 붙어 있어 굉장히 비좁았다. 게다가 유난히 무더운 여름이었다. 신축아파트에서 4년 반을 살다 이사 나온 터라 아이들에겐 분명 너무도 좁고 불편했으리라.

때로는 옆집 숨소리까지 들릴 정도로 작은 원룸은 우리 세 식구 누울 공간조차 부족해서, 현관 밖으로 삐죽이 발을 뻗어야 했다. 빌빌대는 에어컨, 싱크대 한쪽에 있는 한 구짜리 전기렌지와 아주 작은 세탁기만이 옵션의 전부였다. 빨래를 해도 널어 둘 공간이 없었다. 돈이 없어 외식은 사치인데 밥을 해 먹을 수도 없었다. 아무것도 없어서 라면을 끓여 먹어야 했던 지리한 가난이었다.

"애들아~있잖아^^우리는 모험을 떠난 거야. 너희들은 주인공이 되고 싶어? 아니면 악당이 되고 싶어?"
밤이면 나는 아이들을 앉혀놓고 이야기를 시작했다.
아홉 살, 일곱 살…. 아직은 어린 사내아이들이었다. 엄마가 무슨 말을 할지 감을 못 잡은 아이들이 황소처럼 눈만 끔벅거렸다.

"이야기에서 주인공은 항상 시련을 겪잖아? 폭풍우도 만나고 어려움을 이겨내고 악당들을 물리치면서 주인공이 성장하는 거야. 우리는 '톰 소여의 모험'처럼 모험을 떠난 주인공들이야."
껌벅이기만 하던 아이들의 눈이 반짝거리기 시작했다.
"주인공이 되고 싶어요."
"그으래? 앞으로 헤쳐나가야 할 일들이 많은데도 그럴 수 있어? 우리 지금보다 더 가난하고 더 어렵고 더 힘들어질 수도 있어~"
"응! 괜찮아."
너무 어리고 철이 없어서 그런지 그저 해맑았다. 감사한 일이다.

나는 우리 집을 '미니 집'이라고 불렀다. 바로 옆에 철로가 있어 온종일 시끄러운 굉음들로 가득 찼다. 또, 한여름의 무더위를 감당하기에는 너무 작고 연약했다. 그해 여름은 지독히도 비가 많이 내렸다. 쪄 죽을 듯한 습함과 무더위, 곰팡내로 무척이나 힘든 시간이었다. 그럼에도 내겐 그저 너무 고마운 공간이었다. '미니 집'이란 애칭은 혹시 아이들 사이에서 나올 수 있는 불평불만을 잠재우기 위해 미리 선수를 친 것이었다.

"우리 집은 너무 귀여워~. 미니 집 덕분에 우리가 쉴 수 있고, 샤워도 할 수 있고, 다 할 수 있잖아." 나는 미니 집에 매일매일 인사를 건넸다. 그랬더니 아이들도 덩달아 미니 집과 대화를 나누었다.

"안녕, 미니 집아, 잘 있었어?"

"오늘 너무 더워서 힘들었지?"

"미니 집에서 쉴 수 있어서 좋다. 고마워 미니 집아"

미니 집에서 석 달가량을 지내고 나서야 조금 더 넓은 아파트로 이사를 할 수 있었다. 이사 날이 되자 풀지도 못한 짐을 그대로 정리하면서, 일종의 의식처럼 집안을 구석구석 깨끗이 닦고 청소했다. 오갈 데 없던 우리를 받아 준 고마움에 대한 답례였다. 집 이곳저곳을 쓰다듬으며 마지막 인사를 건넸다. 눈시울이 붉어졌다.

"짧은 기간이었지만 그동안 너무너무 고마웠어요. 참 힘든 시기였는데 우리를 기쁘게 맞이해줘서 덕분에 편히 쉴 수 있었어요. 정말 고마워요."

연약한 줄만 알았던 미니 집. 작고 여린 몸으로 한여름을 거뜬히 이겨낸 미니 집이 방긋 웃는다. 어느새 선선해진 가을바람이 코끝을 간질인다. 이제는 새로운 모험을 떠나자.

기종 업그레이드

3년 남짓 쓰던 폰을 바꾸었다. 시간이 흐른 만큼 추억도, 삶도, 아픔도 그득하게 채워져 있었다. 기존 폰에 담긴 것들이 새 휴대전화기로 옮겨지고 있었다. 그 과정을 지켜보고 있노라니 언젠가 사람의 새로운 신체에 이전 기억을 이식하는 내용을 담은 웹툰이 생각났다. 사고로 목숨을 잃은 주인공을 본떠 새로 만든 생체 바디에, 이전의 기억이 담긴 칩을 이식하여 안드로이드를 만들어낸 내용이었다. 그런데 죽은 줄 알았던 주인공이 사실은 살아있었고, 결국 이 둘이 만나게 된다. 둘 중 진짜는 누구인가?

나의 폰은 수명이 다하여서 새로운 기계로 이전 기억을 옮겨 넣고 있다. 새로운 폰에 이전의 기억이 담긴 업그레이된 폰이 완성되었다. 나에게 이 폰은 그냥 '나의 폰'인 것일까? 아니면 완전히 새로운 '다른 폰'인 것일까?

"엄마, 생신 축하드려요."
생일에 아이가 축하 인사를 건넸다.
"고마워. 그런데 엄마는 사실 날마다 생일이야!"
"??"
아이들 눈이 휘둥그레졌다.
"응, 엄마는 사실 날마다 새로 태어나거든~."
아이들은 그게 뭐냐면서 웃었지만, 실제로 매일 새로 태어나는 기분을 경험한다.
"커튼을 닫는 행위는 하루를 내리는 일이고, 아침에 커튼을 걷는 행위는 하루를 시작하는 의미야. 그래서 별거 아닌 것 같지만, 굉장히 중요한 일이야. 그것처럼 엄마는 하루하루 다시 태어나는 거야."
아이에게 말해준 뒤로 아이는 커튼을 여닫는 행위에 꽤 열심이다.

나는 어제의 기억을, 과거의 기억을 가지고 아침마다 새로 태어난다. 어쩌면 전생의 기억을, 또는 전의 전 생의 기억을 가지고 이번 생에 새로 태어난 건지도 모르겠다. 중요한 것은 내가 지금 나아가는 방향이다. 과거의 기억 속에 사로잡혀서 나를 갉아먹으며 고통받는 것은 그 안에 갇혀 버리는 것이다.

 이혼 후 가장 괴로웠던 일은 전 배우자에 대한 용서가 제대로 이루어지지 않던 것이다. 날마다 날마다 그것에서 벗어나고 싶어 상담도 받고 정화도 해 보았으나 뜻대로 잘되지 않았다. 용서를 구하는 이는 없었으나, 그를 용서키 위해 혼자서만 발버둥쳤기 때문이다. 결국, 나는 그를 용서하고자 하는 마음을 내려놓았다. 과거를 되짚어보고 용서할 수 없는 나까지도 그냥 받아들였다. 그러자 자연스레 내가 할 수 있는 일에 집중하게 되었다. 그 이후 내 마음은 조금 편안해졌다.

 휴대전화 속 과거를 더듬어본다.
 '아 이럴 때가 있었구나!',
 '이런 건 지금은 필요 없겠어.'
 하나하나 마주하고 비워내는 과정을 통해서 삶을 바라본다. 새로 옮겨진 폰에 담긴 과거의 기억은 나이지만 '나'가 아니다. 새로 만들어진 안드로이드는 나이지만 더는 '내'가 아니다. 나는 오로지 앞으로 내가 걸어갈 새로운 기억들로 채워진다. 과거의 사진첩을 둘러보고 머문다고 해서 과거에 머무는 것은 아니다. 과거를 씹어먹고 미래의 양분으로 쓰고 있는 그저 나일 뿐이다. 이렇듯 과거를 되새김질하고 꼭꼭 소화해서 이를 삶의 지표로 삼는다면 그것은 나의 양분이 되어 되려 나를 키울 것이다.

〈길 잃기 안내서-더 멀리 나아가려는 당신을 위한 지도들〉에서 리베카 솔닛은 아는 곳에서 모르는 곳으로 이동할 때 앎의 지평이 넓어진다고 했다. 동시에 그 앎이 자신의 삶 속에 녹아들어야 비로소 성장하게 되는 거라 이야기한다. 나는 이혼을 통해서 길을 잃었다. 그제야 비로소 새로운 길이 눈에 들어왔다. 사방이 깎아지른 듯 절벽투성이인 미개척지였다. 훨훨 날아오르는 나비는 알과 애벌레, 번데기 시절의 수많은 경험을 품고 승화한다. 낯선 것에 대한 두려움과 경계를 극복하고 나아가면, 이 전의 나를 품은 또 다른 나를 발견할 수 있을까? 여전히 고군분투하는 내가 보인다.

나는 어디쯤일까? 잃어버린 길 위에서 파도에 잠식당하지 않고 나로 돌아가기 위해 나만의 지도를 만든다.

나에게

나와 들이, 나드리에게 말을 걸다.

-껍질은(을) 드러났는가? 들어섰는가?

태초에 우리는 하나의 덩어리로 존재했단다.
억겹의 시간을 보내면서 나는 궁금해졌다. '나로서', '나만의', '나인채로', '나대로'의 삶을 산다는 건 어떤 것일까? 궁극의 호기심을 주체할 수 없던 '나'는 따스하고 고요한 평온에서 벗어나 결국 '내가 누구인지를 증명해보이기'로 결심했다.
'툭'
그 수많은 '우리' 사이에서 연결된 특별한 인연의 실.

가끔씩 스스로를 한계 속으로 밀어 넣을 때가 있다. '꽉꽉' 채워 넣은 뽑기 통 안에 동전을 넣은 후 '드르륵' 레버를 돌린다. 무수히 많은 '나'라는 작은 조각들이 이리저리 흔들리며 요동을 친다. 잠시 후 '툭' 하고 떨어진 둥그런 캡슐 하나. 숨을 고르며 조심스레 꺼내어 본다. 두 손으로 살짝 비틀어 돌려낸 뒤 거두어진 수확물을 확인 해 본다. 채 모양이 갖추어지지 않은 형태 하나. 조금 더 깊이 들여다 본다. 태고의 기억을 잃은 신념과 잡념이 씨앗을 품은 채로 잠들어있다.

'후~욱'

입김을 불어넣는다. 씨앗 안에서 무언가 꿈틀거린다. 어둡고 단단한 벽 안에서 스스로를 봉인 한 채 갇혀 있던 의식이 틈을 통해 벌어진다. 눈이 시리도록 밝은 바깥 환경에 겁이 덜컥 난 한 줄기 의식은 틈 속으로 다시 자신을 밀어 넣는다. 단단한 껍질 뒤로 다시 숨어보지만, 이미 벌어진 작은 틈은 메워지지 않고 바스락 거리며 안과 밖을 드디어 분리해 내어줄 뿐이다. 밖인 줄 알았던 공간이 또 다시 안이었음을, 그 조차 다시 깨어내 밖으로 나아간다.

자궁에서 좁은 통로를 지나 벌어진 틈을 빠져 나오며 '응애' 하고 세상의 빛을 마주한 날.
내가 누구인지 어떤 사명을 지닌 채 이 곳에 당도했는지 모든 기억이 섬광처럼 번쩍이다 스러졌다.

누구나 그러하듯 처음엔 민달팽이 자체였다. 자신의 속살을 고스란히 보여줌에 주저함이 없었다. 허나 삶의 모진 풍파 속에서 더는 민달팽이인 채로 다닐 수가 없게 되었다. 달팽이에게 얇은 껍질이 한겹 두겹 덮어가기 시작했다. 껍질은 점점 불어나 딱딱하고 단단해졌다.

세월이 흐르는 동안 때로는 달팽이처럼, 어느 날은 거북처럼, 또 어느 날은 천산갑처럼 자신을 불려갔다. '들이'들이 나타나면, '쉬이 내어주지 않으리라' 결심한 듯 제 가까운 껍질 속으로 재빠르게 도망친다. 여리면서 약한 자신의 속살을 고스란히 내보이기를 주저한다.

껍질이 깨어진 건 불식간에 일어난 일이었다. 처음 '내가 누구인지'를 알아가기 위해 이 땅에 발을 디딘 것 처럼 그저 마음을 먹었을 뿐이었다. 그때처럼 껍데기에 금이 가기 시작했다. 한 번 균열이 생긴 금은 틈이 되어 드러났다. 틈 사이로 보인 것은 더는 연약하지 않은 속살이었다. 나는 껍질을 '들어내고' 비로소 깨어났다. '나'라는 이는 부드럽되 힘이 있었고, 유연하되 무르지 않았다. 내가 명명한 '나'로 수많은 '들이'들과 함께 에너지(예나지)있게 이 삶을 살아가리라. 세상에 마치 소풍 나온 것 처럼, 기쁘고 즐겁게 살아가리라. 나드리같은 삶을 꿈꾸며!

요즘은
어때요

요즘 저는 집안의 구조를 변경하기도 하고 비움을 통해서 공간을 정리하여 비슷한 품목들끼리 묶어 자기 자리를 찾아주는 일을 배우고 있습니다. TV를 보지 않기 때문에 잘 모르지만, 프로그램을 통해서 '공간 크리에이터'라는 직업이 알려졌다고 해요. 더미 속을 파헤쳐서 공간을 바꾸고 나면 대개 한눈에 공간의 느낌이 달라져요. 아이들이 제일 많이 좋아한다고 해요. 그래서인지 고객들의 만족도가 무척 높아요.

우리 집도 이사한 지 2년이 훌쩍 넘었지만 앞서 잦은 이사로 살림들이 뒤죽박죽 엉켜 있어요. 그것들을 볼 때면 제 마음속에도 답답한 전쟁이 찾아오지만, 감히 어떻게 헤집어 볼 엄두가 나지 않았어요. 한 켠을 치우다가 와르르 무너지는 경험들이 저를 주저하게 만들었던 것 같아요.

그렇지만 고객들의 집을 마주하면서 이제는 우리 집의 현실도 맞이할 수 있게 되었나 봐요. 가장 먼저 마대 자루를 사 왔어요. 그리고 구획을 나누어서 분류를 해 봤어요. 불필요한 것들은 과감히 버렸어요. 제법 많은 더미가 정리되었어요.

인생을 돌아봅니다. 제 안에는 얼마나 많은 더미가 쌓여있을까요? 저는 그것들을 어떻게 맞이하고 있는 걸까요? 그냥 여기저기 빈 곳이 없을 정도로 꽉꽉 욱여넣고 있었던 걸까요.
그래서 항상 마음이 답답하고 어지러웠나 봅니다.
제 인생에도 마대 자루를 준비해봅니다. 하나하나 들여다보며 과거의 아픔이나 울분들을 토해 내봅니다.

'그래그래, 얼마나 아팠니?'
'그랬구나! 정말 너무 힘들었겠다.'
'그래도 장하다! 이렇게 살아서 네 길을 걷고 있다니'

때론 과거로 시간 여행을 합니다. 과거의 기억 속의 '나'에게 다가가 꼬옥 안아주기도 합니다. 부당한 상황에선 '나'를 대신하여 상대에게 맞서 큰소리를 칩니다. 당시에는 하지 못했던 말을 제법 단단해진 지금의 저는 당당히 반박할 수 있거든요. 과거의 기억들을, 아픈 상처들을 이제는 제 안에서 새로운 기억으로 변형시켜 버립니다. 독이었던 상처들이 약으로 쓰이며 저를 치유합니다. 작게 움츠려있던 제 몸의 세포들이 기지개를 켜고 노래를 부릅니다. 꼬여있던 마음의 전선들도 정리합니다. 강점은 살립니다. 각각의 영역들을 정비하고 닦아냅니다.

이렇게 저는 은밀한 제 삶의 공간을 크리에이터합니다. 글을 쓰고, 움직이고, 행동합니다. 여전히 두려움은 한 켠에서 저의 발목을 잡습니다. 어느 날은 아무것도 못 하는 바보천치 같다가 어느 날은 조금 근사해 보이기도 합니다. 그러나 나를 더 보듬어주고 격려해주는 나날이 많아지면 그렇게 나는 변해있겠죠?

어제보다는 오늘이, 오늘보다는 내일이 더 나은 내가 되어있겠죠.

세 번째 이야기

나는 이렇게 진짜 엄마가 되어 간다. 나를 사랑하는 법을 깨닫고 성장해 가는 한 사람으로서, 오늘도 내일도 내 삶의 의미를 느껴가며 인생의 무지개 같은 맛들을 하나하나 맛보고 살아갈 것이다.

장 미 선

 늘 나라는 존재를 증명하고자 부단히 노력했다. 그래야만 나의 가치를 인정받는 것처럼 느꼈다. 그렇게 애쓰다 결국 자율신경 실조증이 생겼다. 이때부터 나를 돌보며 '나 자신을 사랑해야 한다'는 말을 마음으로 깨닫게 되었다. 부끄럽고 자신 없던 나를 진심으로 끌어안고, 내 삶의 주인이 되었다. 빛나지 않아도 괜찮다는 것을 알게 되었고, 비로소 마음의 자유를 얻었다.

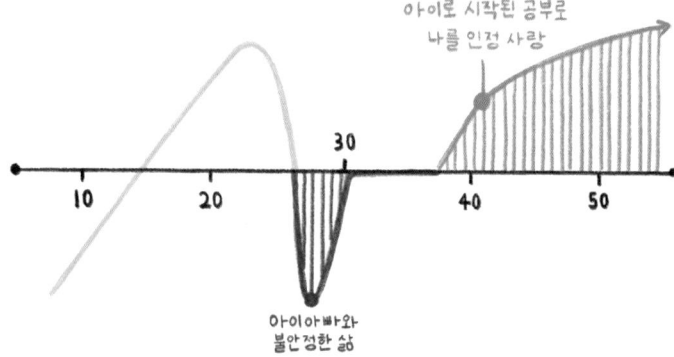

　자식들 굶기지만 않는 남자면 괜찮겠다고 생각했던 어머니와, 밖에서는 사람 좋다는 소문이 난 아버지 사이에서 2남 1녀 연년생 둘째로 세상에 태어났다. 어머니는 아이 셋을 낳고 기르며 하루도 쉬지 못하고 가정의 가계와 아버지가 운영하던 공장 식구들의 식사 준비, 사업 자금까지 오롯이 책임지셨다. 우리 셋은 누군가의 돌봄없이 잡초처럼 자라야 했다. 아버지의 무책임한 경제관념으로 어머니는 많은 빚까지 얻었고, 내가 중학교 2학년이 되던 해에 어머니는 지방으로 일을 하러 가신다고 하셨다. 오빠와 동생의 도시

락과 가정의 모든 집안일은 나의 몫이 되었다. 나는 사춘기를 맞이할 틈도 없이 학창 시절 인생에서 가장 바쁘고 치열한 시기를 보냈다. 시간은 쪼개서 써야 했고 머릿속에 계획이 있어야 내 개인의 일정과 가정의 일을 소화할 수 있었기에 항상 무언가에 쫓기는 삶이었고, 누구보다 열심히 살아야 했다.

고등학교 시절 담임선생님께서 내게 책임 있는 일을 맡기셨다. 그것을 해내고 인정받은 경험은 그동안 느껴보지 못한 성취감을 채웠고, 큰 희열을 느끼게 해주었다. 그렇게 동기부여가 되어 공부를 시작했고 친구들과 인생 설계를 하며 여느 10대 소녀처럼 평범한 일상을 나의 인생에 담을 수 있는 시간이 되었다. 전에는 꿈도 꾸지 못했던 대학 진학과 해외 연수 등 새로운 삶을 살며 내가 정하고 바라는 목표를 달성할 수 있었다. 그 무렵 삶이 바라는 대로 될 거라고 믿고 있던 내게 아이 아빠가 나타났다.

남들보다 조금 일찍부터 열심히 달려온 나는 이루고자 하는 것을 다 이루어 봤으나 여전히 공허했다. 친정아버지와는 달랐던 아이 아빠를 보며 가정을 꿈꾸게 되었다. 아이 아빠의 본가는 내가 그동안 경험해보지 못했던 따뜻한 가정이었다. 마치 성냥팔이 소녀가 크리스마스 칠면조 파티하는 가정을 부럽게 바라보며 '나도 저기 들어가고 싶다'고 생각한 것처럼, 그 모습은 꼭 나의 마음을 스케치해 담아 놓은 듯했다. 가정에서 채우지 못한 안락함과 소속감을 바라며 선택했던 아이 아빠는 사실 친정아버지처럼 자유로운 영혼이었고 구속을 극도로 싫어하는 사람이었다는 걸 뒤늦게 깨달았다. 그로 인한 공허함은 나의 삶을 삼킬 만큼 컸다.

이 사실을 깨달아 가는 과정에서 내 몸과 마음엔 깊은 상처가 남았고, 이 과정을 끊임없이 반복하다 만신창이가 되어 더 이상 고쳐 쓰기도 힘들게 망가졌다. 숨 쉬는 게 지옥 같다는 말이 딱 맞을 정도로 처참했다. 그즈음, 나의 인생을 바꿔줄 소중한 생명이 찾아왔다.

미선의 이야기

긴 줄다리기

 어린 시절 본능적으로 나보다는 사람들의 마음을 살피며 그에 맞추어 내 생각도, 행동도, 마음도 결정하며 살아왔다. 몸에 밴 습관처럼 타인에게 사랑받고 인정받고자 하는 마음은 결혼 후에도 이어졌다. 아이 아빠가 바라는 모습에 나를 맞추고, 시댁 어른들이 바라는 모습에 나를 꿰맞추었다. 하지만 그 기대는 밑 빠진 독에 물 붓기 같았다. 새로운 요구와 이상이 생겨났다. 나를 향한 비난과 공격하는 모습에 몸이 얼어붙기 일쑤였다. 그게 다가 아니라고 보여주려고 나는 나를 버리고 다른 사람들이 원하는 모습이 되려 애를 썼다. 나는 나였지만, 내가 아닌 모습으로 살다 보니 진짜 내 모습이 어떠하였는지 나조차 헷갈렸다. 내 영혼을 갉아먹는 악순환이었다. 내가 진정으로 원하는 것이 무엇인지 찾기 위해 헤매고 울부짖었다.

몸도 마음도 추스르기 어려웠던 때, 친정 식구들이 터를 잡은 거제도로 무작정 내려갔다. 두 달가량 가족과 지내는 동안 엄마는 여전히 바쁘셔서 어린 시절처럼 오빠와 동생의 식사를 챙겼다. 어릴 땐 못 해주었던 반찬도 해주고, 오빠와 동생이 출근하면 의자에 앉아 창밖의 산에 걸터앉은 구름을 바라보기도 했다. 이렇게 계속 살고 싶다는 마음이 들었다. 오랜만의 여유와 휴식의 시간이 나를 회복시켰고, 마침내 헤어질 용기가 났다.

그동안 인지하지 못했던 아이 아빠와 시댁 어른들의 통제와 지배가 조금씩 이성적으로 보이기 시작했다. 타인의 말이 아닌 내 생각과 감정에도 자신감이 생겼다. 홀로서기를 할 용기가 났다. 아이 아빠에게서 독립을 결심한 나에게 때마침 찾아와 준 아이. 엄마라는 새로운 삶이 시작하는 동시에 아이 아빠와는 별거가 시작되었다. 그동안 늪에 빠져 허우적거리던 삶에서 벗어나, 기대감과 설렘 그리고 긴장감과 두려움 속에서 아이를 맞이할 준비를 했다. 황폐해진 내 몸과 마음을 돌보며, 남들과는 조금 다른 태교를 하였다.

아이 아빠와 함께 단란하고 포근한 그림 같은 가정을 만들기를 꿈꿨다. 그건 혼자만의 노력으로 되는 것이 아니었다. 서로가 맞추어가고 함께 노력해야 그릴 수 있는 합작품이었다. 그러나 아이 아빠는 그냥 묵묵히 자신을 기다려 주는 아내를 바랐고, 난 함께 하는 공동체이길 바랐다. 서로의 이상은 달랐고, 그 간극을 좁혀가기에는 역부족이었다. 팽팽한 줄다리기를 하듯 긴장감이 이어졌고, 결국 나는 나를 위해, 아이를 위해 오랜 시간 놓지 못하고 부여잡고 있던 그 줄을 놓아야 했다. 비록 내가 바라던 이상적인 모습의 가정은 아니지만, 나는 나에게 찾아와 준 고마운 선물인 아이를 지키겠노라 다짐했다. 아무리 다짐해도 혼자 아이를 잘 키울 수 있을지에 대한 두려움이 공존했다. 임신 중엔 그리 뭐가 먹고 싶다고 하던데 나는 사다 줄 사람이 없는 걸 알아서인지 특별히 먹고 싶던 것도 없었다.

헤어질 결심을 한 뒤에도 아이에게는 아빠가 필요하다는 생각에 이혼을 미뤘다. 서류상 부부로 남아 아이 아빠가 일주일에 한 번씩 아이와 시간을 보내며 가정의 울타리를 만들어 준다는 사실에 만족했다. 돈으로 아빠를 사다 줄 수 있다면 좋겠다는 생각도 했다. 내가 그려놓은 화목한 가정의 이상적인 아빠의 모습이 떠오르면 화가 나고 서글프기도 했지만, 욕심은 내려놓기로 했다. 내가 대신할 수도 없고 그 누구와도 대체할 수 없는 아빠의 자리였다. 아빠와 함께할 때 환하게 미소 짓는 아이의 모습을 보는 것만으로 되었다고 마음을 다독였다.

내 삶에서 가장 잘한 일은 승윤이를 낳은 것이다. 그동안의 삶을 보상받듯 아이는 나의 마음을 충만케 해주었다. 나도 누군가에게 보호받지 못한 탓에 보호하는 방법과 사랑하는 방법을 책과 교육으로 배워가며 아이를 키우느라 때때로 불안정한 모습이 많았지만, 이제는 여느 엄마처럼 아이에게 포근함을 내어줄 수 있는 여유도 생긴 것 같아 감사하다. 나는 이렇게 진짜 엄마가 되어 간다. 나를 사랑하는 법을 깨닫고 성장해 가는 한 사람으로서, 오늘도 내일도 내 삶의 의미를 느껴가며 인생의 무지개 같은 맛들을 하나하나 맛보고 살아갈 것이다.

사랑하고, 사랑받는 나

드라마나 영화의 한 장면처럼 경적과 사이렌 소리가 울리고, 사람들이 모여들어 도로는 아수라장으로 변했다. 길이 막혀 화가 날 법도 한데 지나가던 사람들이 모여들어 나의 상태를 물어봐 주고 걱정해 주며 사고 접수를 도와주었다. 나에게 염려와 관심의 말을 전하며 그들은 다시 자신들의 목적지로 향했다. 불행 중 다행히도 아이와 나는 크게 다치지 않았다. 잠시 꿈을 꾼 것처럼, 사람들의 말들이 웅성거리다 쓰러져 잠이 든 것처럼, 많은 일이 짧은 시간에 지나갔고 난 다시 나의 자리로 돌아왔다.

나에게 결혼 생활도 그랬다. 생각지도 못한 교통사고처럼 다른 사람의 삶에서나 일어날 법한 일들이 내 일상이 되었다. 손을 내밀어 주고 돌봐주기를 바랐던 아이 아빠는 자기 삶에 집중하느라 나에게 나누어줄 에너지가 없었고, 스쳐 가는 행인처럼 아파하는 나를 그저 바라보거나 외면했다. 하지만 사고 당시 도움의 손길을 내밀어 준 사람들처럼 생각지 못하게 아이와 울고 있는 나에게 손을 내밀어 주는 사람도 있었다. 〈함께하는 사랑밭〉도 그런 곳 중 하나였다. 나는 혼자가 아니라는 사실에 감사하며 일어서 나아갈 힘과 용기를 얻었다. 결혼 생활 당시에는 이 고통이 끝나지 않을 것 같았지만, 뒤돌아보면 잠시 잠깐 꿈을 꾼 것 같이 흘러가 있으리라.

 누군가를 미워한다는 건 나 자신의 영혼을 갉아먹는 고통이었다. 그 고통을 끊어 내는 방법을 몰랐기에 계속 그 안에서 나를 타들어 가게 놓아두었던 때가 있었다. 지옥이 있다면 이런 고통일 것 같았고, 그 고통에서 난 벗어날 수 없다고 믿었다. 놓으면 되는 것을 움켜쥐고 아파하고 있었다.

 지금 나는 자신에게 집중하며 잠시 멈춰 심호흡을 하고 있다. 이 시간을 통해 나를 오롯이 알아가고 이해하고 성장시키기 위해, 나를 사랑하는 이 시간을 느끼고 있다. 누군가가 채워주기만을 바랐던 공허함을 이제는 내가 스스로 알아차리고 돌보며 나라는 사람을 사랑하기 위해 이해해 가는 시간을 보내고 있다. 누군가에게 사랑받기 위해 정작 나를 돌보지 못하고 나 자신을 아끼지 못한 채 사랑만 갈망하며 살아왔지만, 이제 누구에게 채움을 받기보다 나 자신이 나를 아끼고 사랑해야만 공허하지 않고 사랑에 허기지지 않는다는 걸 안다. 이 깨달음은 늘 무언가에 쫓기던 나에게 자유와 해방감이 찾아왔고 나를 성장시키는 시간을 선물했다. 홀로서기를 하는 동안 내가 아픈지, 내 마음이 어떤지 알아차리기 위해 오랜 탐구의 시간을 보냈다. 이제 조금씩 진짜 나를, 내 마음을 알고 표현하는 방법도 배워가고 있다. 나는 충분히 사랑받을 존재이고, 존재 자체로 충분하다는 걸 알았다. 내 결핍도 알아차리고 인정할 수 있었다. 그 시간을 견딜 수 있었던 힘은, 나의 부족한 모습과 상관없이 자신의 전부를 다 내어줄 만큼 나를 사랑해 주는 아이였다. 아이는 미친 듯이 힘들었던 고통의 시간을 견디게 했다.

나에게 와준 고마운 선물, 아이 덕분에 내면을 바라보는 눈을 얻기 위한 긴 줄다리기를 해오며 사랑하는 법도, 사랑받는 법도 배우는 중이다. 비로소 나는 나 자신을 양육하고 성장시키며 나에게 사랑을 줄 수 있는 사람이 되어 가고 있는 것 같다.

나에게도 취미라는 게 생겼다.

 필라테스를 처음 시작할 때만 해도 나만을 위해 시간과 돈을 투자하는 게 어색하고 낯설게 느껴졌다. 그동안은 나보다는 아이를 책임져야 한다는 마음으로 살아왔다. 아니, 그게 내 삶의 전부라고 믿었던 시절이었다. 씩씩하고 괜찮다고 믿던 내가 어느 순간 다리에 마비 증상이 오고 저녁이면 주저앉아 다리를 질질 끌 정도로 내 몸을 돌보지 못하고 있었다. 이미 전부터 몸 곳곳에 문제가 있었지만 외면하고 내가 아닌, 내 주변에만 집중했다. 여느 가정과 출발선이 다르기에 그 부족함을 채워주고자 주어진 환경에서 최선을 다하느라, 슬프게도 나 또한 친정엄마처럼 경제적 책임을 혼자 짊어지느라, 나에게 집중하기에는 그 무게가 감당이 안 돼서 주위에만 집중했던 것 같기도 하다. 이러다 정말 걷지 못할 수도 있겠다는 생각에 그동안 돈 핑계로 미뤄왔던 병원 검사와 치료를 시작했다.

 대학병원에서 여러 검사를 했지만 정확한 병명을 알 수 없었다. 아는 지인의 소개로 유명한 한의원에 두 달 동안 매일 치료를 받으러 갔는데, 몸의 열이 빠져나가지 못하고 쌓인 게 많아 순환에 문제가 있다는 진단을 받았다. 너무 주위에 맞추려 하지 말라는 내면 상담도 덤으로 해주셨다. 점쟁이처럼 몸의 증상만 보고 나의 내면을 알아본 것이 신기하면서도 서글펐다. 내 삶에 무게가 나의 몸에 기록되어 저장된 것 같았다. 그렇게 하나씩 내 몸과 마음을 챙기다가 필라테스를 시작하게 되었다.

필라테스를 하며 사람들에게 잘한다는 말을 들으니 뭔지 모를 자신감이 생겼다. 지금까지는 아이 아빠가 바라는 여성상, 시댁 어른들이 바라는 모습, 좋은 엄마, 직장에서 해내야 하는 결과물들이 나의 잣대가 되어 스스로 채찍질하며 달려왔다. 내 마음이 어떤지, 내 몸은 어떤지, 내가 무얼 좋아하고 원하는지조차 알려고 하지 않았다. 그런 감정이나 생각이 올라와도 외면하고 나를 돌보지 않았다. 어린 시절부터 결핍에서 벗어나고자 습관처럼 앞만 보고 달리기하듯 살아온 것 같다. 그래서인지 아직도 가끔 불안과 초조한 마음이 찾아온다. 불과 얼마 전까지만 해도 불안과 초조함이 나의 기본값처럼 세팅되어 있었고, 이러한 마음이 당연한 줄 알고 살아왔다. 몸이 아픈 걸 알고 몸의 감각에 귀 기울이기 시작했고 감정과 생각을 돌보며 불안과 초조함이 그림자처럼 따라다닌다는 것을 인지하게 되었다. 내면의 성장을 위해 많은 강연과 책을 찾아보며 명상과 호흡이 좋다고 들었지만, 마음처럼 쉽지가 않았다. 잠시 멈추

는 여유를 갖는다는 게 마치 알레르기 반응처럼 몸에서 거부하며 시작조차 어려웠다.

 필라테스를 시작하며 복식 호흡을 습관처럼 하게 되었고 불안과 초조가 찾아오면 아이를 달래듯 명상과 호흡으로 평정심을 되찾는 방법을 익혀가고 있다. 결핍과 상처투성이의 삶에서 나조차도 들키지 않으려고 애써왔던 나에게 이제는 여유를 선물하고, 그동안 잘 이겨왔다고 내 자신을 마음으로 뜨겁게 포옹하고 다독이고 싶다. 앞으로도 잘 이겨가기를 응원하며 힘찬 박수를 보내고 싶다!

 몸의 감각을 깨우고 온전히 나 자신에게 집중하는 필라테스의 시간이 삶의 활력을 불어넣어 주기 시작했다. 이제 남들처럼 나에게도 '취미'라는 게 생겼다.

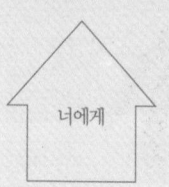
너에게

〈사랑하는 승윤이에게〉

 뱃속에서의 발길질과 딸꾹질에 깜짝깜짝 놀라게 하던 승윤이를 기대와 설렘으로 하루하루를 기다리다 승윤이를 맞이했어. 아직 눈도 안 뜬 네가 처음 엄마의 냄새를 맡고 젖을 무는데 가슴이 찌릿한 전율이 느껴지며 내가 진짜 엄마가 됐구나! 했지. 감동의 눈물과 그 가슴 벅참은 다 표현할 수 없는 행복과 감사와 사랑 그 이상이었던 것 같아. 돌 전쯤 같다. 엄마가 청소기를 가져다 두는 자리가 어디인지 알고 혼자 기어가서 숨어서 장난기 가득한 미소를 짓고 엄마를 기다리던 너. 이제 사춘기가 시작되며 조금은 거리두기를 하고 있지만, 이 또한 우리 사이에 필요한 시간 같고 이 시간을 통해 승윤이도 엄마도 서로가 더욱 성장하며 사랑하는 시간이 되어 줄 거라 믿어! 요즘은 엄마가 힘든 것 같으면 애 많이 썼다고 격려해 주는 승윤이가 있어서 엄마가 든든하고 힘이나 고마워 아들!

승윤아! 엄마가 세상에서 가장 잘한 것은 승윤이를 낳은 거로 생각해! 엄마 아들로 태어나줘서 고마워! 승윤이는 엄마에게 행복한 삶도 있다는 걸 알게 해주려고 하늘에서 선물로 보내주신 것 같아! 숨 쉬는 게 당연하듯 엄마에게 당연한 승윤이가 있어서 늘 감사하고 승윤이를 통해 세상을 더 행복하고 아름답게 살아가고 있는 지금을 선물해 준 우리 승윤이 고맙고 사랑해! 엄마가 사랑하는 마음보다 승윤이에게 받은 사랑이 더 크고 많은 것 같아!

　엄마가 승윤이를 통해 행복을 가슴 깊이 깨닫고 온전한 엄마의 삶에 행복을 느끼고 살아가듯 우리 승윤이도 승윤이가 나아갈 삶의 진정한 행복을 만끽하는 마음도 생각도 넉넉한 어른으로 성장하기를 응원할게! 엄마는 언제나 우리 승윤이가 어떠한 모습이라도 늘 믿고 응원하는 엄마가 될게! 고맙고 사랑하는 엄마 아들 이렇게 부르기만 해도 충만함을 주는 우리 승윤이 사랑해♥

나를 사랑하는 나

 나에게는 엄마와 닮은 오뚝이 같은 모습이 있다. 넘어져도 실패가 아닌 과정이라고 여기고, 문제를 해결하기 위해 다시 일어나 도전하는 부분에 대해 감사함을 느낀다.

 결혼 생활동안 아이 아빠와의 갈등과 문제 속에서 변화를 위해 여러 방식을 시도하여 끊임없이 노력했다. 방법을 찾고자 애썼지만, 그건 우리 둘 다 문제라고 인식하고 함께 해결방안을 찾아야 하는 일이었음을 지금에서야 알게 되었다. 아이에게 좋은 엄마가 되고 싶었지만, 서툴고 부족한 게 많아 아이가 울 때 나도 아이처럼 울었다. 그때마다 도움을 구할 곳을 찾아 헤매며 자문하고 공부하고 시도하기를 반복했다. 지금은 나도 진짜 엄마가 되었다는 자신감이 생겼다. 이렇게 짧은 몇 문장으로 담을 수 없는 그 긴 시간 동안의 고통과 사투한 삶의 흔적들이 내 몸과 마음에 남아 있지만, 그 세월 속에 난 더욱 단단해졌다. 진정으로 나를 사랑하고 나를 돌봐야만,

내가 그토록 바라던 좋은 엄마이자 누군가에게 귀한 존재가 될 수 있다는 걸 깨닫는 시간이 되었다. 그 누구보다 나는 나 자신에게 가장 소중한 존재로, 아이를 키우고 대하듯 나 자신을 키우고 아껴주며 메마른 내 마음에 촉촉한 단비가 내리듯 이제는 목마르지 않게 나를 사랑해 주고 있다. 나에게는 오지 않을 것만 같던 행복이라는 게 어느 날 아침 아이가 자는 모습을 보며 찾아왔다. '나에게 이런 하루가 있어 감사하다'는 마음으로 시작되는 아침을 선물 받았다.

네 번째 이야기

결혼하지 않았다면 혼자 살았을 텐데 사랑하는 아들과 함께 사니 얼마나 축복이야. 만약 실패가 없었다면 주류에서 한 걸음 떨어져 걷는 기술도 놓쳤을 거야. 물에 물 탄 듯 술에 술 탄 듯 한 삶을 정리하고 정체성이 분명해졌으니 오히려 축하해.

자기 소개

이 지

 '이지'적이고 'Easy'스럽지는 않지만 당근이지, 제법이지, 반전이지를 모토로 살고 있습니다. 명사가 조사를 만나 또 다른 의미를 자아내듯 누군가에게 조사가 되어 현실을 당연히 받아들이고 제대로 해내며 역전하는 삶을 꿈꾸죠. 장씨 아들 엄마로 장군 같은 맘으로 '장군맘' 이름값 하며 살고 싶어요. 〈턴의 미학〉, 〈내 몸은 거꾸로 간다〉도 낳아 길렀습니다.

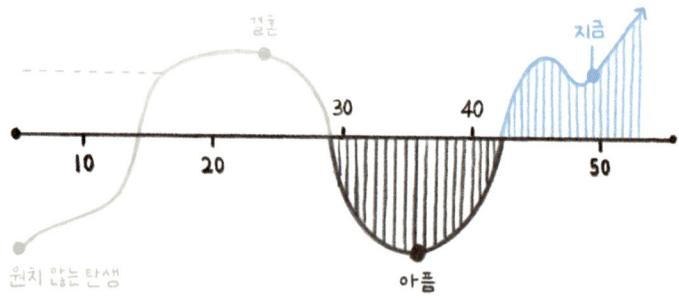

 "죽지 못해 산다"는 말을 어려서부터 줄곧 들었다. 신세한탄 할 때 엄마 추임새다. 아버지는 술이 들어가면 변신했다. 고함소리는 옆집까지 담장 너머 밤을 샜다. 많지도 않은 집안 살림에 물건 깨부수는 소리까지 더했다. 물건처럼 엄마도 맞았다. 엄마는 보따리 싸서 이모 집으로 피신하곤 했다. 아버지가 늦는 날엔 과음일까 불안했다. 큰 가방이 눈에 띄면 엄마가 떠날까봐 두려웠다. 엄마는 아빠 비위 맞추느라 눈치 보고 난 엄마 기분 맞추는데 눈치 봤다. 지하실방과 쪽방을 전전긍긍하며 주인집 눈치까지 봐야 했다.

중학교 때 엄마는 참 많이 웃었다. 내가 반에서 1등을 해서다. 전교 10등 안에 들고 임원까지 하니 엄마는 신바람 났다. 주인집 아들과 동년배 딸이 쪽방 주인집 옆방에서 학원은커녕 밥과 연탄불까지 책임지니 난 엄마의 자랑이자 통쾌였다. 아버지 술도 퐁당퐁당이라 기억과 망각이 그럭저럭 살게 했다. 엄마는 억척스럽게 돈을 모아 월세를 면했다. 열 두 번째 이사 끝에 '우리 집'이란 게 생겼다. 집에 전용 화장실과 거실, 부엌도 딸렸다. 그때 남편을 만났다. 사윗감 면접이라도 보는 듯이 만난 지 얼마 되지 않아 엄마에게 응급증상이 나타났다. 가뜩이나 '사'자 사위를 바랐는데 죽다 살아난 복막염까지 도왔으니 가산점 빵빵. 술까지 못 마시니 엄마 눈에서 하트가 뿅뿅이었다. 병원 실습 중인 학생이라 졸업에 눈 빠진 건 나뿐 만이 아니었다.

엄마의 기쁨은 곧 나의 기쁨, 엄마 말이라면 내 꿈 따윈 중요치 않았다. 가출과 자살시도로 엄마를 잃을까봐 노심초사했다. 아이 아빠는 의사라기보다는 예술인에 가까웠다. 못 하는 게 없는데 간쓸개 다 빼주니 우리에겐 누이 좋고 매부 좋고였다. 상견례 때 "금전적으로 도움 받은 친척이 많다"는 시어머니 말씀은 들리지도 않았다. 아이 아빠 역시 우리 집에서 전쟁터를 목격했지만 구름처럼 흘려보냈다. 날 선택해 준 게 고마웠다. 이 집에서 탈피해 원앙새든

파랑새든 새둥지 틀 기대감에 부풀었다. 26살에 결혼했다. 간호사 초봉 140만원부터 시작해 3년 6개월간 5천 4백만 원을 모았다. 아이 아빠는 인턴생활로 1천만 원을 모았다. 엄마 집 담보로 2천 5백만 원을 빌려 신축빌라를 얻었다. 신혼집을 잔뜩 꾸몄는데 얼마 되지 않아 아이 아빠는 더 넓은 집으로 이사를 원했다. 병원 레지던트라 집도 제대로 못 들어오니 그거나 그거 나려니 했다. 넓은 거실과 방 하나 더 있는 집으로 이사했다.

이사는 둘만 한 게 아니었다. 어느 순간 안방으로 시누이 짐이 들어왔다. '정성' 총량의 법칙인지 빼다 준 간 쓸개는 연애 2년에 수명을 다했다. 결혼의 상징, 금실 좋은 원앙새는 시댁식구였다. 남편보다 시부모, 아가씨들과 보내는 시간이 더 많았다. 남편의 결정으로 이사도 여러차례였다. 다섯 번째 집부터는 시부모님 짐까지 들어왔다. 직장생활로 아이 봐 줄 사람이 친정엄마로 낙찰되면서 신혼집은 둘로 쪼개졌다. 다행히 친정은 좀 더 넓은 집으로 옮겨 나와 아이 짐을 풀 수 있었다. 신혼집이 시댁으로 바뀌면서 몇천 원 짜리 옷 입어가며 적금 들어 장만한 신혼가구도 가구지만 열 달 동안 하루도 빠짐없이 쓴 태교일기를 잃은 게 못내 아쉬웠다.

'산후우울증'이란 말을 몰랐다. 산후조리원과 분유는 절대 안 된다는 시어머니 말씀 따라 쥐어짜도 20cc 나오는 젖을 200cc까지 늘리느라 주변 돌아볼 새가 없었다. 가정이고 직장이고 구멍이라고는 허용치 않던 현실, 결혼에 대한 환상과 현실의 괴리감, 돌연변이 된 남편사랑, 조각난 오붓함으로 우울증이 함께 했음을 이 글을 쓰며 알았다. 엄마에게 보던 눈치는 남편으로 전이됐다. 혼날까봐 책잡힐까봐 늘 의식했다. 연애 때 정성을 되돌려 받고자 지금보다 더 꾸몄다. 그럼에도 동네 한 바퀴 함께 돌 때면 어떻게 집에 있는 차림으로 다니느냐며 핀잔을 들었다. 말 표현이 서툴러 편지 쓰는 것도 탐탁지 않아 했다. 입사하자마자 결혼식에 와 준 아버지뻘 부장님에게 감사편지 썼다가 쓸데없는 짓 소리를 들었다. 길 가다 고생하는 사람 두고 "불쌍하다" 했다가 "돈 받고 하는 일인데 뭘 그러느냐" 식이었다.

현모양처로 남편과 자식 뒷바라지 하는 게 꿈이었다. "힘들다" 소리 한 번 뱉었다가 "뭐 그리 힘드냐, 시부모를 모시냐"로 시작해 밤을 새우다시피 하고는 출근했다. 아이도 나만 간절히 원했다. '애타령'을 싫어했다. 첫 아이를 자궁 외 임신으로 잃어 다시 아이를 갖지 못할까봐 두려움도 있었다. 걸을 때 가방 들어주는 남자, 출근 때 승용차 태워주는 남자, 성당도 운동도 함께 하는 부부이고 싶었다. 물거품인 환상, 그야말로 내 인생엔 거품이었다. 차라리 연애기간을 늘릴 걸. 엄마 입버릇인 '죽지 못해 산다'는 '내 주제에'로 돌변해 내 입버릇이 되었다.

회사일과 시댁일은 구멍 없이 지냈다. 결혼하면서 진 빚이 마음에 구멍이었다. 경제가 플러스 될수록 내 몸은 마이너스였다. 서른 넘어 골감소증에 척추관협착증, 퇴행성까지 왔다. 다리는 자르고 싶었고 머리, 얼굴, 턱, 어깨까지 쑤셨다. 통증은 24시간 편의점이었다. 아이까지 아팠다. 이런 몸뚱이로 살아 뭣 하나, 직장이 다 무슨 소용인가 하던 차에 이혼 통보까지 받았다. 회사에 올인하고 충성했던 나, 자식 맡긴 처갓집에서 유리창 깨질 정도로 살얼음 같던 부모님 싸움, 어렵사리 추가 대출을 부탁했지만 거절한 장모, 부부 대화 절반 이상이 '돈'인 현실… 폭발이란 건 단 하나의 이유로 터지는 게 아님을 난 안다.

그 당시 회사와 한 정거장이던 가정법원, 운수 좋은 날처럼 가까워서 퍽도 좋다. '4주 후'라는 허들에도 아이 아빠 마음은 변함이 없었다. '아이도 있으니 다시 생각해 보라'는 말은 법원도 아닌 내 입에서 나왔다. 정작 법원은 결혼해서 떨어져 산 세월만으로도 충분히 이혼 사유가 된단다. 자기주장이 강한 시어머니도 "내가 아들을 외골수로 키운 것 같으니 자유롭게 살라"고 했다. 바닥으로 추락한 자존감, 법원과 회사를 오가며 티 안 내고 일을 해낸 걸로 자존감을 주섬주섬 주워 담았다.

'신혼'이 뭔지 '여자'가 뭔지 알지 못한 채 '엄마'의 외길인생을 선택(당)했다. 죽지 못해 사는 게 아니라 죽을힘 다해 살아야했다. 세상 복잡하게 살던, 눈치만 보던 한 여자는 이지(Easy)하게 이지적으로 걸어야만 했다.

아들이 세상에 전부인 '자웅동체'라서.

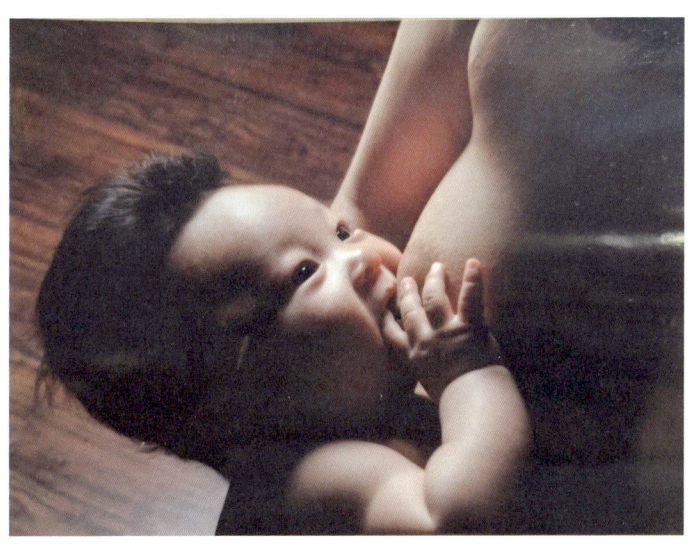

이지의
이야기

보따리 장사 이제 그만 합니다.

평일은 회사, 주말은 시댁. 아이들(아들＋질녀) 짐 보따리 싸서 시댁에 갔었다. 거의 격주로 다녔다. 하룻밤 묵는 나그네처럼 셋 짐은 한 보따리였다. 평일엔 친정 부모님이 손주 얼굴 실컷 보니 주말엔 시부모님 차례다. 우리가 가는 게 아이 아빠도 편하고 시댁 식구도 한 방에 본다. 내 몸만 굴리면 만사형통이다. 원주를 나만 매일 출퇴근한 것처럼. 이혼 전에는 운전면허증이 없어 버스와 전철 환승은 웃픈 여행코스였다. 그래도 그렇지. 어쩌다 한 번 가면 이벤트지만 정기적이면 일이다. 주5일 야근으로 찌든 몸은 자칫 휴일 근무 몸으로 변질될 우려가 있다.

주말 시댁 나들이는 만남의 광장이기도 했다. 아침형 우리 집과 올빼미형 시댁의 만남. 아이 아빠는 아이가 뱃속에 있을 때 밤새 게임을 했다. 주말에 아이들을 데리고 갈 때도 마찬가지였다. 아이 아빠는 정오가 넘어서야 일어났다. 그 박자에 맞춰 모두가 밖으로 출동했다. 아이들이 뛰노는 보라매공원으로 갔다. 돗자리부터 킥보드, 배드민턴, 축구공, 부메랑, 장기판, 윷놀이, 과일 간식 등… 이마트 큰 가방이 터질 듯 했다. 가방 주인공은 나였다.

이혼 후 주말에 짐 보따리 들 일이 사라졌다. 갑자기 시간이 많아졌다. 외출 직전까지 온 가족이 끌어안던 TV 볼 일도 없어졌다. 다리 저림도 짐 보따리가 더 이상 짓누르지 않았다. 시댁 안에 있을 땐 스스로가 거인 속 난장이로 느껴졌다(시어머니가 부잣집 딸을 봐 두었던 이야기를 시누이는 결혼 후 굳이 귀띔해 주었다). 그럴수록 돈도 많이 벌고 싶고 승진도 빨리 하고 싶은 욕구가 불탔다. 회사 일이나 회식 술이나 존재감을 향해 열과 성을 다했다. 회식은 음식을 싸올 수 있는 기회이기도 했다. 평생 마실 술을 30대에 다 채운 것 같다. 필름이 끊긴 시간은 통증 없는 시간이었다. 술로 속은 뒤집힐지언정 집에서 못 듣는 "잘 한다" 소리를 들었다. 칭찬은 해장국이었다.

누군가 곁에 있을 땐 돈과 명예욕이 옆구리를 쿡쿡 찔렀다. 막상 옆구리가 허전해지니 술과 인연을 멀리했다. 갑자기 왜 술을 끊느냐는 주변사람들의 에코만 남을 뿐. 지나고 보니 '나 좀 바라봐' 욕구였다. 회사는 내 할 도리, '일'로만 머무는 장소가 되었다. 텅 빈

가방엔 책이 들어섰다. 텅 빈 마음은 아이 성장으로 채웠다. 초등학생 때부터 독서모임과 세미나 강연, 역사체험, 봉사활동, 신문사, 문화예술 공연 어디든 함께 했다. 운전면허를 따자마자 내 눈에 신호등을 이식했다. 아이를 태우고는 서울, 지방 할 것 없이 곡예운전으로 거리를 활보했다. 아이는 어릴 적부터 대학생이 된 지금까지 선생님과 친구 엄마들에게 "어른스럽다, 선비 같다, 속이 깊다" 는 말을 줄기차게 들었다. 칭찬으로 한 말일 텐데 내 가슴은 미어졌다. 그저 '어른 아이, 아이 어른'이라 대답할 뿐이었다.

자식을 위해서 한 일이 내가 성장하는 계기가 되었다. 아이는 직장동료나 협업 파트너처럼 통찰력을 건네주었다. 불을 지핀 건 '아버지 부재'라는 결핍이지만 활활 타오르게 만든 건 우리에게 내어 준 '아버지 시간'이었다. '부재'가 있어야 '존재'가 있다. 아버지 마음속도 '부재중'이었을까. 아이 아빠는 이혼 후 어버이날과 명절만 되면 아이는 물론 아이 편에 부모님과 질녀 용돈까지 보냈다. 세상이 아름답게 보이고 세상이 다 용서되면서 깨달았다. 인간의 기본권, 인간의 선악은 기본적인 경제에서 비롯하는 것임을. 이혼이란 사건은 '벌어서 남 주자', '배워서 남 주자'로 전개되었다. 아이 아빠는 시댁, 난 친정에 밑 빠진 독 돈 붓느라 서로를 못 본 걸까. 돈이 원수지 사람이 원수인가. 말도 함부로 내뱉는 게 아니었는데. 압

박감이 눌러 튀어나온 말, "돈 많은 여자와 결혼하지 그랬어." 평생 부리지 못할 앙탈로 남는다.

담장 밑 작은 키로는 보이지 않던 게 서서히 보이기 시작했다. 내가 성장해 우뚝 솟으니 시댁이 보였다. 어제보다 나은 내가 될수록 선명해졌다. 각자 살아온 배경이 있었을 테고 배경에서 행동이 나왔을 테고. 주변도 보이기 시작했다. 아프고 힘들어 하는 사람들. 마이동풍이던 사회뉴스도 내 일처럼 파고든다. 돈의 가치는 보이지 않는 곳에 있었다. 이마트 가방은 내면 보따리로 변했다. 몸은 가볍고 맘은 두둑한 가방. 보따리를 세상에 풀기로 했다. 두고두고 풀지 못하는 짐 하나는 아이에 대한 미안함이다. 아이는 내가 밖에서 미안해하며 굽실대는 모습을 싫어한다. 엄마가 뭐가 미안하냐며 내뱉지 않길 바란다. 아이에게 갖는 미안함도 똑같이 생각해 주길 바란다. 아이는 안다. 내 다짐을.

"아빠를 포함해 세상과 결혼해 잘 살아볼게"

자유시간 초코바처럼 자유 하면 시간을 떠올렸다. 자유는 '시간 부속물'이 아니었다. 해방감은 '불구속'이 아니었다. 현재를 감내하고 맛 본 열매, 기쁨을 보류시킨 결과에서 비롯되었다. 멋지게 꾸민 자연을 보았다. 인공미가 끼어든 순간 답답함이 앞섰다. 가장 자연스러울 때가 가장 자유로울 때다. 자연스러움은 '나다움'이다. 결혼 적령기는 현실도피가 아닌 나다울 때였어야 했다. 누구도 의식하지 않고 본연의 나로 자연스러울 때 나와 너, 모두가 자유롭다. 이혼으로 얻은 해방감보다 한 자 한 자 눌러쓰는 지금 케케묵은 감정이 해방된다. 내가 나를 가두었다. 건강이든 가정이든 잃어야 비로소 깨달으니 내면 보따리는 계속 싸야할 판.

괜찮아 뭐 어때

"아, 좀 편히 살아"

회사고 집이고 많이도 들었다. '참 속 편한 소리 하시네'였다. 자연은 안중에도 없는데 "경치 좀 봐봐"식이었다. '가장(家長)' 완장을 차면서 몸은 '편히'를 거부했다. 강한 우뇌형 베짱이 유전자로 태어났지만 '유비무환' 개미여야 했다. 아이가 6살 때 유치원에서 아버지 참여수업을 했었다. 아이를 업고 뛰어 깃발 찍고 돌아오는 게임이었다. 깃발이 사슴처럼 보였다. '땅' 소리와 함께 갈기 휘날리며 사내아이 업고 아버지들 사이를 헤집고 가르며 뛰었다. 그때 감 잡았다. 1인 2역 해내리라는(아이가 태어난 후 아빠와 보낸 짧은 시간은 아이가 아닌 나의 결핍이었다).

집에서 새는 바가지 밖에서도 샜다. 1인 2역 버릇은 어디서든 나왔다. 회사에서 다른 사람 일도 떠맡았을 때, 인력 공백이 생길 때마다 잇몸으로 사는 이가 되었다. 할 일이 생기면 내 시간을 삭감했다. 밥 먹는 시간을 줄이든 타인과의 만남이나 대화를 줄였다. 당장 할 일이 없더라도 언제 또 닥칠지 모르는 돌발에 물 속 오리발이어야 했다. 돌발 상황에 업무가 발목 잡힐까봐 미리미리 제거하는 강박이 생겼다. 돈과 시간을 나를 위해 쓴다는 건 명품백만큼이나 사치스런 일이었다. 노후를 위한 투자개발로서의 효용가치가 있어야만 지갑과 시계를 열었다. 가만히 있지 않는 게 불안을 잠재우는 휴게소였다.

직장상사나 엄마는 '편히 좀 살라' 편에 섰다. 놀고먹는 거 싫어할 사람 있을까. 할 일이 태산인데 누가 대리 운전해주나. 독백은 늘고 시간은 흐를수록 샌드위치 속과 같았다. 표현하지 않는 게 미덕인 집에서 자라 표현에 메마른 결혼생활을 거치니 어느 날 갑자기 입을 떼기란 쉽지 않았다. 내가 쥔 패는 보여주지 않고 상대가 먼저 패를 열어 제치길 바랐다. '편히'는 각자 느끼는 감정단어다. 그저 '나'라는 존재로 "그랬구나" 한 마디면 편히 살 것 같았다. 몸은 KTX라도 마음만큼은 무궁화호로 자연까지 볼 듯했다. 이혼 사실을 아는 우리 집이나 모르고 있는 회사나 빼앗긴 심장에도 봄은 올 텐데. 회사에서 남편 가족 수당 지급이 끊긴 후 어디서 무슨 소문을 들었는지 이혼한 남성 상사가 내게 와서 한 말은 내 심장을 얼어 붙게 했다. "너나 나나 똑같네."

회사 입사년도는 결혼한 해다. 회사생활 22년엔 인생그래프가 모두 담겼다. 23년 차에 접어들면서 여성 상사에게 고백했다. 한때 퇴직도 생각한 마당에, 죽기 전에 하지 않은 일들의 후회처럼 '이혼'을 털어 놓았다. 회사를 위하는 건지, 나라를 위하는 건지 모를 정도로 애사심이 투철한 직속상사다. 20여년을 일로 만난 사이다. 입을 열기까지 마음무대에서 얼마나 많은 리허설을 했던지. 이제껏 내 발목을 잡은 건 '표현 부재'였다. 말을 하는데 심장은 멈췄고 몸이 뛰는 듯했다. 본부장님은 경청 매뉴얼대로 내 쪽으로 몸을 기울여 눈을 응시하고는 얼굴만 한 귀를 열었다. 내 말의 마침표와 함께 돌아온 한마디는,

"괜찮아. 뭐 어때"
"잘 살아왔다. 더 단단한 사람이 되어라"는 살도 붙였다. 그토록 듣고 싶던 "그랬구나"를 능가했다. 회의 때 느끼지 못한 샤우팅이

본부장님 방을 에워쌌다. 첫 고백, 첫 면담, 첫 눈물로 첫 경험을 화려하게 장식했다. 괜찮아 속엔 울어도 괜찮아를 머금었으리라. 눈물댐이 완전히 개방됐다.

하버드 법대 수재로 로펌 변호사에서 작가가 된 〈콰이어트〉 저자 수전 케인은 삶에서 '멜랑콜리'를 중시한다. 그녀는 멜랑콜리는 성과에 영향을 미친다고 했다. 재정, 이혼 등 개인적 고민에 서로 마음 써주고 슬픔이 흐르도록 열어주는 문화를 만든 미시간주의 진료비 수금팀과 미드웨스트 빌링팀의 연구사례를 들면서 학교와 기업, 리더가 '슬픔의 통로를 터줄 때 놀라운 기적이 벌어질 것'이라 했다. (위대한 대화, 김지수, 생각의 힘 207-208)

"괜찮아, 뭐 어때" 평생 우려먹을 말 하나 건졌다. 나에게도, 남에게도 두고두고 써먹을. 세상 만물에 음양이 있듯 세상만사엔 쌍방과실이 있다. 내게 싫은 말이 있듯이 상대도 상처 되는 말이 있다. 누군가에게 꽃으로 다가갈지 칼로 다가갈지는 내 입에 달렸다. 이혼, 사별 뿐 아니라 독신도 듣기 싫은 말이 있다. 말은 귀가 아니라 각자 지닌 아킬레스건으로 듣는다. 사서 걱정했다. 기승전 '이혼'으로 결부지을까봐. 아이에게 대물림 될까봐 두려웠다. 이번에도 평생 동반자가 도왔다. 동거녀 '나다움'. '나다움'으로 아 좀 편히 살란다. 쓴 소리, 단 소리의 면역은 '나답게' 뿐이다. 나(남)를 위한 쉼 없는 도전이 편히 사는 길이다. 이래도 저래도 괜찮은 나로 만들었다.

히어로 슈트 레깅스

 아이가 서너 살 때쯤 척추관협착증 진단을 받았다. 갓 서른 축복을 퇴행성 척추로 받았다. 진단받은 곳은 아이 아빠 병원이었다. 다리 방사통으로 허리부터 발바닥까지 신경을 차단해준 사람 역시 아이 아빠였다. 월요일부터 의자에 앉아 일하려면 전철을 갈아타서라도 주말엔 병원을 들려야 했다. 두통과 목, 어깨 통증도 만만찮아 어깨까지 주사를 놔줬다. 병원 일 돕기는커녕 다리 질질 끄는 환자라니(사모님은커녕 환자복 차림이라 자신이 초라했지만 병원 일은 거들지 않기를 바랐다). 주사도 아프고 이동도 번거로워 어느 순간 병원 발길이 뜸해졌다.

 예습이라도 한 것처럼 병원과 멀어지니 이혼으로 아예 발길이 끊겼다. 신경차단술로 달고 산 통증이 반짝 사라졌던 건 아니지만 출근에 위안은 됐었다. 혼자가 된 후 통증은 가속페달을 밟았다. 대체 의학이라도 되는 양 무겁게 저벅저벅 헬스장을 찾았다.

첫인상이 중요하다는데 헬스장에 우선 반한 건 반팔 티셔츠와 반바지를 주는 것이었다. 츄리닝도 없거니와 빨래 걱정 없고 환자복과는 차원이 다른 운동복이었다. 그동안 가족 혜택으로 공짜 진료를 받다가 내돈내산 헬스장이니 뽕을 뽑아야 했다. 거울도 보기 싫고 자존감은 신발 밑창에 깔린 터였다. 몸도 온전치 못해 까딱 잘못했다가는 병을 키우겠다 싶어 운동 걸음마로 과외를 택했다. 뽕을 따따블로 뽑아야 할 판. 트레이너에게 배운 운동은 철저히 복습했다.

몸이 변했다. 트레이너는 레깅스를 입어보라 했다. 소비 패턴을 확 뜯어고치려는지 바디프로필을 빌미로 재촉했다. 헤벌레 반바지에서 스타킹 같은 레깅스로 갈아타려면 성격개조가 필요하다. 목욕탕 안에서는 모두 벗는다. 씻는 게 목적이니까. 헬스장 안에서는 운동을 잘 하는 게 목적이다. 운동복은 근육 움직임 센서다. 고로 레깅스를 입는다. 헬스장 티셔츠를 걸치니 어째 푸우 같다. 입지도 않은 헬스장 바지를 빨래통에 넣기도 아깝다. 생각 없이 살다가도 내게 들어가는 돈에는 생각이 무럭무럭이다. 이유가 사지선다 쯤 돼야 움직인다. 살갗 총량의 법칙 삼아 레깅스로 가려진 살갗은 등과 팔로 드러내며 민소매까지 섭렵했다.

레깅스를 입으면서 어느 동네 근육이, 누가 왕질 하는지 감각이 꿈틀대기 시작했다. 반바지로는 보이지 않던 근육이 다리에 척 달라붙은 옷에서는 선명했다. 가령, 고관절 운동 시 골반은 고정해야 하는데 골반도 따라 다녔다. 골반과 이어진 허리 움직임까지 포착됐다. 엉덩이 근육 역시 힘을 못 쓰면 허리와 햄스트링이 먼저 나댄다. 레깅스는 수사반장이다. 레깅스에 담긴 근육은 지금 여기 현재에 머물도록 했다. 딴생각은 절로 물러났다. 옷감에 스치는 근육 감각, 천을 뚫고 나올 기세는 존재감을 주었다. 운동할 때만 느끼기에는 아까웠다. 레깅스는 홈그라운드를 넘어 원정경기까지 뛰었다.

레깅스는 사무실 밖이라면 언제 어디서든 함께 했다. 에브리데이 에브리웨어. 일상에서도 근육 꿈틀거림을 느끼니 힘이 났다. 감각은 나를 번쩍 들어올렸다. 레깅스는 더 이상 운동복이 아니다. 침대는 가구가 아닌 것처럼. 블라썸원 공저 프로젝트로 안국역을 갔었다. 〈엄마도 꿈이 있나요〉의 저자 안유정 작가를 우연히 만났다. 며칠 후 인스타그램 DM이 왔다. "그날 만나서 너무 반가웠어요. 거긴 분명 안국동이었는데 작가님 옷차림은 뉴욕이었어요. 당당한 요가복 타이즈 멋져요!" 스마트폰이 레깅스 입은 듯 덩실덩실 춤을 췄다.

레깅스는 근육 신고식만 하지 않는다. 의자에 오래 앉으면 코끼리 다리가 되어 자다가도 쥐가 나는데 레깅스는 종아리를 감싸준다. 몸 정렬 중 가장 중요한 건 다리 정렬이다. 레깅스는 거울이 필요 없는 교정기다. 레깅스 실루엣 무릎방향으로 바른 자세가 된다. 자세는 마음이다. 레깅스가 머금은 근육은 마음근력까지 키웠다. 의지는 무겁게 솟구치고 마음은 새털처럼 가벼웠다. 레깅스는 이혼 후 '루저(loser)'감을 '바디(body)'감으로 끌어올렸다.

레깅스 입고 출근하면 오죽 더할까. 고객에게 예의는 아닌 듯해 차마 시도는 못하고 가방에 모셔 갔다. 점심시간이나 퇴근 후 레깅스를 만났다. 레깅스는 업무처리 속도를 향상시켰다. 다른 일로 바빠 레깅스를 도로 가져온 날은 들고 다닌 게 아까워 집에 오자마자 갈아입고 운동을 했다. 결국 사무실을 벗어나면 스파이더걸이 되고 슈퍼우먼이 된다. 히어로는 슈트를 걸치면 힘이 세지고 남을 돕는다. 세상 구원자로서의 책임과 의무감이 든다.

레깅스 탄력인지 독서, 글쓰기, 각종 세미나에 강연까지 뭐든 가능했다. 최근에 큰 시누이를 만났다. 내게 부탁이 있어 동네로 찾아왔다. 마지막으로 본 우리 모습은 아들 키우는 데 급급한 아줌마였다. 그때 그 아줌마는 7년 만에 레깅스에 쫄티 차림으로 나갔다. 식사도 함께 했다. 마치 지난 주말 아이들 데리고 집에서 함께 지낸 듯했다. 아니 지난날 보다 더 많은, 더 깊은 이야기가 오갔다. 시누이는 손님 접대만큼 내면을 꺼내주었다. 어릴 적 살아온 배경부터 최근 깨달음까지. 레깅스는 남까지 꿈틀대게 하는 힘이 있었다.

옷이 날개다. 맞다. 레깅스를 입으면 날아갈 것 같다. 간호사 제복을 입었을 때도 환자 앞에서 힘이 났다. 누구는 소방복, 누구는 경찰복이 살아가는 힘이다. 누구나 강력한 힘이 솟는 '나다움' 제복을 걸친다. 뭘 걸쳐도 빛이 나는 나만의 옷이 있다. 레깅스는 평생 동반자, 나의 '반려옷'이다. 100세 땐 어떤 무늬로 입을까나.
그냥 확 호피 무늬?

나에게

사랑스런 이지야, 이런 편지 처음이지?

그것도 공개적으로. 책 〈턴의 미학〉 보니 네 일생을 담았더라. 책 쓰고 이런 말 많이 들었다며? "어찌 그리 다 까발릴 수 있느냐"고, "그렇게 어렵게 산 줄 몰랐다"고. 엄마 뱃속부터 자기계발로 턴(turn)한 세월까지 다 녹였던데 그동안 마냥 편지 만은 않았나 보네. 김밥에 단무지 하나 빠뜨린 심정이었을까. 이혼도 처음이고 공개도 처음이라 자꾸 노출시키면 네가 무너질 것 같아 이렇게 펜을 들게 됐어. 무슨 일이든 그렇잖아. 첫 향기가 코를 찌르지 계속 맡으면 무뎌지는 거. 네가 운동 이야기할 때 강조하는 거랑 똑같지 뭐. 스타트가 어렵지 시작하면 절로 굴러간다며.

아들 낳고 넌 뭐든지 아이와 함께 했어. 뽀로로를 보든, 번개맨을 만나든, 전체 관람가 연극 영화든 아이가 느끼는 오감엔 늘 그림자처럼 따라다녔지. 아이 입 속에 들어가는 맛이며 아이가 입는 옷의 향기까지 아이 느낌을 간접 체험하는 걸 좋아

했어. 심지어 건축학과에 들어간 후에는 생전 안 보던 <행복이 가득한 집>이란 잡지도 보더라. 책이나 영상, 저널 어디서나 '건축' 말만 나오면 신나게 캡쳐 떠서 배달의 민족이 되드만. 아들이 다 컸는데도 여태 이 사진을 최고로 꼽는 걸 보면 안 봐도 비디오지. 엄마 눈 바라보며 엄마 가슴 능선에 손가락 살포시 얹어 젖 먹는 사진 말이야. 그때 넌 직장 다니며 젖 먹이느라 아이는 밤새 아파 잠을 설치던 때였지. 모자(母子) 둘이 그렇게나 헤딩하며 졸더니만 사진 찍는 순간에는 어쩜 그리 찰떡궁합이니. 웃음 지으며 아이컨택 하는 그 사진 보면 나도 미소가 절로 나와. 네가 할머니 돼서 보더라도 키운 보람 느낄 인생 한 컷.

그런 아이를 너 없이 시댁에 보낼 때 아이와 함께 못하는 네 심정은 오죽 했겠나 싶어. 아이에게 미안해 발만 동동거리며 돌아올 때까지 참 많이도 울었지. 그 허전한 마음은 색이 옅어질 뿐이지 어미로서 얼룩이 싹 가시진 않는다고 넌 그랬지. 너 없이 아이도 친가에서 자는 일이 사라져 다행인지 불행인지 모르겠지만 너나 아이나 성장의 시간임은 틀림없어. 그러고 보니 이 글을 쓸 땐 추석, 책 나올 땐 설날이네. 수 년 째 눈물 자국 감추고 버선발로 뛰어나가 아들에게 뭘 맛있게 먹었는지, 고모들과 사촌은 잘 있는지 묻곤 했지. 아이가 독립적 성향이고 독립 할 나이도 되었으니 이제 그만 미안 해 하렴. 안 그런 척 밝게 연기하면 누가 모를 줄 알아? 그럴수록 애도 불편해. 그러니 당당해져. 충분히 날개 펼 재목(材木)이잖아. 네 날개 밑에서 모두가 평온할 수 있도록 자유롭게 날으렴.

학창시절 '철판 자르는 집 딸', '동대문 미싱자수 딸', '지하실방, 쪽방집'으로 불려 그런 거야? '이혼한 엄마 밑에서 자란 아들'이란 소리 죽을 때까지 듣고 싶을 테지만 말 안 하고 불편하나 말 하고 불편하나 그게 그거야. 사람은 자신에게 가장 관심 많은 동물이야. 이혼은 네 인생의 일부일 뿐 전체를 규정하지 않아. 우울증도 증상 하나가 나타난 거지 그 사람을 대변하진 않잖아. 결혼 하지 않았다면 혼자 살았을 텐데 사랑하는 아들과 함께 사니 얼마나 축복이야. 만약 실패가 없었다면 주류에서 한 걸음 떨어져 걷는 기술도 놓쳤을 거야. 물에 물 탄 듯 술에 술 탄 듯 한 삶을 정리하고 정체성이 분명해졌으니 오히려 축하해.

한부모가 아니라 둘 다 가능한 '암수한몸'이잖아. 커다란 우주 속에 존재하는 중성입자라고 생각해. 네 삶의 목표도 '중용'이잖아. 어느 한쪽으로 치우치지 않고 양쪽 품는 중간인간. 한부모 아닌 '부모'처럼 시소 받침대를 맞춰가다 보면 삶 끄트머리에서는 지렛대가 균형을 맞출 거야. 이 날 이 때까지 한 공간에서 지지고 볶고 사는 (시)부모님도 있고 물리적 거리는 떨어졌지만 서로 지지하며 사는 부모도 있고 그런 거지. 사람 사는 게 얼마나 다양하고 변화무쌍하니. 한 사람도, 함께 사는 가정도 이렇다, 라고 단정 짓거나 규정할 수 없는 게 세상이야.

그동안 나무를 보고 살았다면 숲이 된 네가 이제 나무 하나하나를 품으면 돼. 울창한 나무 사이 걸어 봤니? 하늘 구름 보면서도 걸어 봤어? 그 안에서 작디작은 네 자신도 느껴봤어? 우주 속에서 나 자신, 내 상황이 얼마나 조그만지 알겠니? 커다란 자연이 널 품듯이 네게 벌어지는 일, 그런 너를 알아차리는 자아, 그게 진정한 너야. 이름처럼 Easy하게 이지적으로 살아내렴. 너 '촉' 좋잖아. '감'도 있고. 어때? 앞으로 다가올 미래 촉감 좋지? 감각 있는 여자로 임명할 테니 감투 제대로 써봐!

만약 누군가가 네게 욕을 한다면 아마 이럴걸?

"이런 숲 같은 너"

엄마(어머니)께..

안녕하세요? 저는 아들 장명인입니다.
제가 이렇게 편지를 쓰게 된 이유는 제가 지금까지
감사했던 일들을 이야기 해보기 위해서입니다.
저를 낳아주셨다는 등의 일반적이고 단순한 것들이아닌
좀 더 특별한 감사한 점을 써볼 겁니다
먼저 저를 전학 보내주신 것이 감사랍니다. 제가 전에 학교에
있었다면 지금의 수준 높은 지식들을 얻지 못했을 것이고 항상
철 없이 행동했겠지만 전학,즉 이사를 옴으로서 더욱
인생다운 인생을 살 수 있게 되었습니다.
둘째, 항상 한결같다는 거입니다. 나쁘게 한결같은 것이 아닌
착하고 다정한 모습을 언제든지 보여줌는다는 것이죠. 어느
때든 엄마는 엄마다운 행동을 해서 삐져도 기분이 쉽게
풀리고 항상 행복만 가득하게끔 만들어주셨죠.
이 외에도 감사할 일이 많지만 마지막 멘트로 "앞으로도
이런 모습, 쭉 유지도1십쇼"!

장명인 올림.

요즘은
어때요

 이혼 후 8년이 흘렀다. 난 독서, 운동, 글쓰기와 재혼했다. 3색 신호등처럼 주행했다. 복잡한 일상을 멈춰 주기도 하고 앞으로 나아가게도 했다. 일상을 교차해 조율하기도 했다. 내가 일상을 운전하는 동안 초등학생 소년은 대학생 성인이 되었다. 이혼 당시 회사 담보대출로 아이 아빠에게 빌려 준 돈이 있었다. 이율이 가장 저렴한 직장인 신용대출이었다. 시댁에 함께 사는 큰 시누 가족 세 명이 분가할 집도 필요했으리라. 이혼 후 은행대출과 집 명의로 아이 아빠와 두 세 차례 만났다. 독서-운동-글쓰기가 내 몸에 장착되기 전이라 만나고 돌아오는 길이 쓸쓸했다. 어린이 말 배우듯 3색 신호등 주행 속도를 높였다.

 그로부터 3년 후 아이 아빠에게 장문의 문자가 왔다. 건강보험제도 관련 문의였다. 병원에서 환자만 진료하다 보니 행정까지 챙기는 건 어려워 보였다. 전화나 문자로 답하기는 좀 그렇고 몰라서 손해나 보지 않을까 싶어 병원으로 직접 찾아갔다. 서류와 물품을 정리했다. 함께 살 땐 왜 이러지 못했을까. 왜 돈 얘기만 오갔을까. 내가 일하는 게 미안했던지 괜찮다며 집으로 돌려보냈다. 택시비 5만원 찔러 주면서. 전철이 눈 시퍼렇게 뜨고 다닐 시간인데 택시는 감히 못 타겠고 그 돈으로 아이들 간식을 샀다. 아빠가 사 준 간식이라면 아이도 기뻐할 테니. 누군가를 도운 나도 이토록 기쁜데. 그 후 건강보험 지식이 될 만한 안내 문자를 몇 번 더 전달했다. 고맙다는 회신과 함께 식사비를 부쳐주었다. 그동안 3색 신호등으로 떡칠 한 무형 자산가라 그런지 돈 받은 감흥보다 '무상 기버' 사실이 더 뿌듯했다.

얼마 후 시어머니께도 연락이 와 질문을 받았다. 몇 마디로 안심시켰다. 수화기에서 흘러나온 끄트머리는 "별 일 없지? 몸은 건강하고?"였다. 헐크 같은 몸, 마음, 정신으로 언젠가 반드시 회신하리라 다짐했다. 〈내 몸은 거꾸로 간다〉 책을 내고 북 콘서트를 했다. 지금의 '나'를 만든 모든 이들을 초대해 식사를 대접했다. "별 일 없지? 몸은 건강하고?" 답을 달 때가 왔다. 시부모님과 시누이를 초대했다. 직장, 운동, 자기계발, 식당 관련 분들을 비롯해 온라인 지인까지 자리를 채웠다. 책 사인(sign)하랴, 폴댄스 공연하랴, 북토크 하랴 그분들과 일일이 대화 나눌 시간은 없었다. 그럼에도

7년 만에 만난 시댁 테이블로 향했다. 책으로 근황을 대신했다. 졸지에 독서-운동-글쓰기로 세상일에 무뎌지고 둥그스럼 뭉툭해진 관계까지 확인시키는 자리가 됐다(친정아버지도 독서-운동-글쓰기를 이식해 책으로 안부를 전했다).

북 콘서트 일정과 맞물려 KBS 〈생로병사의 비밀〉에서 연락이 왔다. 척추관협착증이 심한데 운동으로 극복하고 가족까지 변화시킨 이야기를 담고 싶다 했다. 여러 장소에서 길고 긴 촬영을 마친 후 KBS에서 증빙자료를 요청했다. 척추관협착증을 진단한 병원 영상자료로 검증이 필요하다 했다. 이제는 내가 부탁할 차례다. 부모님과 내 사진을 보내 달라 했다. 방송 날짜에 맞춰 제출기한이 짧았지만 재빠르게 엑스레이 파일을 모두 보내주었다. 값비싼 MRI나 CT가 아니어도 내 질병 상태는 너무나 명확하게 보였다. 방송에는 오프닝과 엔딩까지 포함해 세 번씩이나 나왔다. KBS가 비둘기 역할을 해 졸지에 책 출간 소식을 아이 아빠에게도 전했다.

아이와 함께 한 세월, 늘 곁에 있는 현실이 참 행복하다. 행복을 느끼니 행복을 누리지 못하는 저편이 보였다. 아이 고등학교 졸업식과 대학교 입학식 때 시부모님에게 연락했다. 식당도 예약했다. 나름 6대 독자인데 얼마나 보고 싶을까. 부모님은 그동안 동네 병원 다 놔두고 몸에 통증이 생길 때마다 전철 갈아타며 아이 아빠 병원을 다녔다. 처음에는 이혼 사실이 창피해서, 원하는 사윗감이라서 왕래하나 싶어 서운했다. 부모님은 자세히 차분하게 진료를 봐 주어 병의 절반이 낫는 것 같다고 했다. 부모님 병원행은 '아들은 잘 자라고 있으니 걱정 말라'는 무언의 속삭임일수도 있겠다. 엄마는 시어머니와 간간히 카톡도 주고받으며 동네로 초대해 사돈끼리 식사도 했다. 요상한 이 상황 역시 이해되지 않았다. 어정쩡함에 마음이 불편했다. 오랜만에 만난 시부모님과 식사하고 차를 마시며 깨달았다. 어제 만난 듯 대화를 나눈 건 그동안 부모님의 물밑 작업 덕이란 걸. 시누이들과도 허심탄회 이야기를 나누면서 알았다. 이혼, 사돈이란 경계는 허물고 오로지 '나이듦'만이 우릴 에워쌌음을.

초등학교 저학년 때 아이가 한 말은 이 날 이 때까지 사는데 큰 힘이었다.

"어떻게 사는 게 다 똑같을 수 있겠어"

가정을 '부부가 함께 사는 집'이라고 정의하면 결핍이다. 싱글에서 아이 하나를 더 얻었다면 축복이고 감사다. 남편을 '아내의 배우자'로 치면 외로움이다. 남편은 '아이를 사랑하는 아빠', 시댁은

'아이를 낳아준 친가'다. 돈으로 멀어졌지만 돈으로 가까워졌다.

숲길을 걷노라면 빽빽한 나무는 단 하나도 없다. 가지가 뻗어 나갈 수 있게 양팔 나란히로 서로에게 공간을 내어줄 뿐. 숨통 트이는 '거리 두기'다. 거리두기로 좁혀진 거리다. SNS나 뉴스를 보면 '돈 되면 한다' 열풍이다. 난 아이만 잘 되면 한다!

남편은 없지만 내 편은 많다. 나 역시 세상 편이 되어 줄게.

다섯 번째 이야기

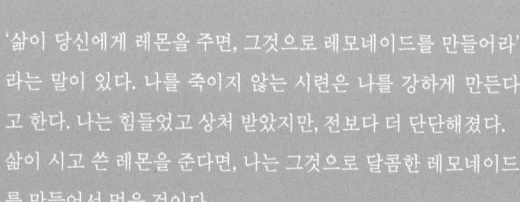

'삶이 당신에게 레몬을 주면, 그것으로 레모네이드를 만들어라'
라는 말이 있다. 나를 죽이지 않는 시련은 나를 강하게 만든다
고 한다. 나는 힘들었고 상처 받았지만, 전보다 더 단단해졌다.
삶이 시고 쓴 레몬을 준다면, 나는 그것으로 달콤한 레모네이드
를 만들어서 먹을 것이다.

엄 혜 원

철모르던 20대와 평온한 가정생활에서는 절대 겪을 수 없는 힘난했던 30대의 결혼생활을 겪고 40대 후반이 된 지금에서야 자유를 얻었습니다. 행복한 결혼생활이었으면 좋았겠지만 그 반대였고 상처만 가득 안았습니다. 하지만 그 시간이 헛되지 않았고 그로 인해 지금, 자유의 소중함을 알게 되었습니다. 엄마임을 포기하지 않고 열심히 살고 있는 나를, 우리를 응원합니다.

혜원의
인생그래프

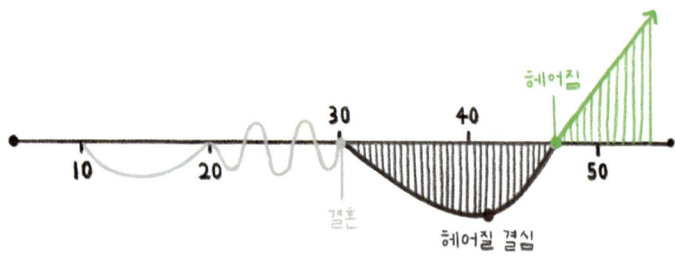

결혼하면 그냥 당연히 행복하게 살 줄 알았다. 부모님이 골라준 상대를 몇 번 만나고 결혼하는 옛날식 결혼도 아니고, 내 선택으로 만난 결혼 상대였고, 연애 기간도 있었고, 결혼 결정도 내가 했으니 당연히 행복해야 했다. 등 떠밀려 한 결혼이 아니었으니까.

경제적인 여건 때문에 시댁에서 결혼생활을 시작했다. 당시에 남편은 지방 출장이 많은 회사에 다녔기에 집에 가끔 들어왔고, 그로 인해 나는 남편 없이 시부모님과 같이 사는 시간이 많았다. 시아버님은 목소리가 크고 화가 나시면 대놓고 다 얘기하시는 성격이었고, 어머니는 아주 꼼꼼하신 분이었다. 성격이 급하고 좀 덜렁대던 나에게 시부모님 두 분 다 어렵고 무서웠다. 어머니는 나를 딸처럼 생각하신다고 하셨지만, 나에게는 그저 어려운 시부모님이었다.

시부모님과 남편이 같은 생각을 가지고 함께 지내온 가족이라면, 나는 다른 환경에서 다른 생각을 가지고 자란 이방인이었다. 모두 당연하게 맞다고 생각하는 것을 '나는 그게 아닌데….'라고 생각했지만 쉽게 입 밖으로 낼 수 없었고, 그냥 그렇게 원래부터 정답인 시댁의 방향으로 따라갈 수밖에 없었다.

그러다가 큰아이가 4살 때 분가하게 되었다. 이제는 좀 마음 편하게 살 수 있겠다고 기대했다. 그런데 남편에게서 시부모님의 모습이 보였다. 남편은 지방 출장을 갔다가 아무런 연락도 없이 도어락을 열고 집에 들어오곤 했다. 그러고는 지친 기색으로 집이 엉망이라고 잔소리했다. 정리를 잘 못하는 나이기에 남편이 언제 온다고 예고라도 해줬으면, 어느 정도 미리 청소를 해놨을 텐데…. 항상 그렇게 불시에 집에 들어왔다.

한창 에너지 많던 우리 아들과 하루 종일 보내고 나면, 아들이 잠든 저녁 시간은 나에게 그 자체로 휴식이었다. 그러다 갑자기 누가 문을 열고 들어오면, 오랜만에 와서 반갑다기보다는 화들짝 놀랄 수밖에 없었고, 잘못을 들키는 것 같은 민낯의 순간이었다. 남편과 가끔 만나면서 쌓였던 대화는 서로 그동안의 불만을 꺼내놓다가 싸움이 되기 일쑤였다. 그것이 격해지면서 죽여 버린다는 말까지 들었다. 사는 것이 사는 게 아닌 순간까지 이르게 되었다.

결혼생활에서 매일매일 벗어나고 싶다는 생각을 수도 없이 했지만 머릿속에는 늘 아이들이 떠올랐다.

'애들은 어쩌지?'

아들은 초등 고학년이지만 딸은 아직 어린 아기였다. '아는 변호사'라는 필명을 가진 변호사님은 "결혼은 신중하게, 이혼은 신속하게 하라"고 했다. 그런데 나는 '결혼은 신속하게' 했고, '이혼은 신중하고 오래' 생각할 수밖에 없었다. 깊은 고민 끝에 더는 안 되겠다는 생각으로 이혼을 결심했고, 이제 남들과 다른 형태의 가족이 되었다.

해원의 이야기

집으로 가는 길

 그 사람은 항상 TV 또는 손안의 작은 기계와 많은 시간을 보냈다. 어쩌다 필요에 의한 작은 소통을 할 때, 우리 사이에는 대부분은 불협화음이 있었다. 무늬만 부부. 그것은 그 사람과 나를 표현하는 가장 적절한 말이었다. 어떤 날은 내가 가사도우미 같아서 서글펐고, 어떤 날은 남편이 나와 아이들에게 무료로 숙식 제공을 해주는 고마운 집주인 같기도 했다.

 밖에서 일을 마치고 집으로 돌아가는 시간이 다가올 때면 마음이 초조해졌다. 감옥에 들어갈 시간이 된 것처럼 가슴 한편이 답답했다. 일부러 시장이나 마트에 들러 한 두 시간씩 장을 봤다. 그렇게라도 집으로 가는 시간을 늦추고 싶었다. 하지만 그 후 집에 도착했을 때, 그 사람은 내가 퇴근 시간보다 늦게 왔다는 이유로 밖에서 열지 못하게 문을 잠갔다. 열리지 않는 문 앞에서 하염없이 서성였다.

어떤 날은 딸아이와 같이 놀러 나갔다가 저녁 6시쯤 되어 부랴부랴 집에 도착했는데 현관문이 열리지 않았다. 현관문의 걸쇠 사이로 아들이 말했다. "아빠가 늦게 왔다고 문 잠그래." 졸지에 딸아이와 나는 갈 곳이 없어졌다. 급한 대로 근처에 알고 지낸 아이 친구 집으로 갔다. 그때를 생각하면 불안함과 초조한 느낌이 되살아난다. 싫었다. 아이들이 이 말도 안되는 상황을 정당한 행동인 듯 학습하고 있는 게 너무 싫었다. 가족인데, 엄마인데, 이럴 수는 없었다.

'내가 뭘 대단히 잘못하고 있는 걸까?'
'저 사람은 뭐가 어디부터 저렇게 뒤틀렸을까?'
'나 하나 바뀌고 참는다고 이 관계가 회복될 수 있을까?'

조심스럽게 부부 상담을 해보자고 했다. 돌아오는 대답은 '멀쩡한 내가 왜 상담을 받아야 하냐?'였다. 답답한 마음에 혼자라도 상담을 받으러 갔지만 잠깐 위로만 받을 뿐 근본적인 해결은 되지 않았다. 하루에도 열두 번씩 마음이 바뀌었다. 그 사람이 도대체 이해가 안 가다가도 내가 잘못하는 게 많아서 나한테 그러는 건가도 싶었다. 모든 것이 잘못되었다는 느낌이었다. 이리저리 해결 방안을 강구해도 결론은 해결할 자신도 방법도 없었다. 당장 다가오는 모욕감만으로도 나는 휘청거리고 있었다.

 어쩌면 나는 그렇게 매일 죽어가고 있었는지도 모른다. 언제까지 이렇게 살아야 할까. 아이들은 괜찮은 걸까. 정답은 하나. 어서 벗어나자. 그래야 살 수 있다. 그런데도 섣부른 결정을 할 수 없었던 건 아이들 때문이었다. 엄마, 아빠가 있는 완벽한 가정의 형태로 아이를 키우는 게 더 나은 건 아닐지 수없이 고민했고 망설였다. 나 혼자만을 위해 결정할 수는 없었다. 나는 이기적인 걸까?

 딸이 1학년일 때 친구에게 이런 얘기를 했다.
 "우리 집은 감옥이야."
 "왜?"
 "한 번 들어가면 못 나오거든…."

창피함도, 부끄러움도 없이 그저 있는 그대로를 말하는 그 나이대의 아이였고, 남겨진 부끄러움은 엄마의 몫이었다. 집은 감옥이 아니며 피로한 몸을 이끌고 들어가 쉴 수 있는 곳, 세상 어떤 곳보다 마음 놓고 쉴 수 있고 불편한 시선 없이 나를 다 이해해 주고 품어주는... '집'이란 곳은 마땅히 그래야 한다.

나의 아이들은 무엇보다도 마음이 편한 집에 살게 해주고 싶었다. 귀하지 않은 사람은 없다. 내가 다른 누군가에게 하찮게 여겨질 그 어떤 이유도 없었다. 나는 그 집에서 벗어나기로 했다. 나에게 중요한 것들을 중요하다고 말하며 살고 싶었다. '나는 잘 살고 싶어.' 그 마음 하나로 이 길고 긴 터널을 빠져나가기로 결심했다.

이제 나는 딸과 함께 새로운 집에서 산다. 더는 시계를 보며 종종걸음을 하지 않는다. 조금 시간이 늦어도, 혹은 많이 늦어도 마음 불편하지 않은 집으로 간다. 크고 좋은 집은 아니어도 세상에서 가장 마음 편한 집. 언제라도 나를 받아주고 안아주고 편안하게 해주는 집이 있어서 좋다.

오늘도 집으로 가는 발걸음이 가볍다.

누가 내 자전거를 가져갔을까

 어젯밤 8시에도 분명히 있었는데…. 이상하다…. 지금은 오전 7시 반, 밖에 나왔는데 집 앞에 있어야 할 자전거가 없다. 출근해야 하는데…. 자전거를 타려는 생각으로 나왔으니 일단은 뛰어야 했다. 그러면서 생각했다.

 내가 자전거를 다른 곳에 대놓고 안 갖다 놓았나? 버스정류장? 아니면 공용 주차장? 아니다. 분명 자전거는 어제저녁, 내가 마트에서 당근을 사 오고 집 밑에 같은 자리에 놨었다.
그럼 도대체 어디에 있을까?

 요즘 들어 자전거 관리에 소홀했던 것이 사실이다. 자전거 잠금장치를 깜빡하고 안 잠그기를 반복하다가 6개월 이상 안 잠그고 놔뒀는데도 그 자리에 항상 있었기에 '내 자전거는 너무 낡아서 아무도 안 가져가나보다' 하고 마음을 놓고 있었다. 그도 그럴 것이 자전거 앞 바구니는 뜯어져서 밑부분이 갈라져 있었고, 비 오는데 커버 없이 세워놓아 체인과 군데군데에 녹이 슬어 있었다.

그래서 '이런 자전거를 누가 가져가겠어?' 이런 생각이었다. 하지만 그 자전거를 누군가 가져갔다. 항상 있던 그곳에 자전거는 없었고 경찰에 신고 했지만, CCTV도 없는 곳이라 뜨뜻미지근한 답변만 돌아올 뿐이었다. 어디를 가나 내 발이었던 자전거가 없어지고 나니 정말 불편하기 이를 데 없었다. 너무 아쉽고 화도 나서 누가 자전거를 가져갔는지 꼭 잡고 싶었다.

한편으로는 기다리면 다시 누가 갖다 놓지 않을까 하는 실낱같은 희망도 있었다. 하지만 일주일째 자전거는 돌아오지 않았고 나는 서서히 마음을 접은 후 다른 자전거를 알아보기로 했다. 한참을 이리저리 비교해 우여곡절 끝에 또 다른 중고 자전거를 마련했다.

문득 그런 생각이 들었다. 돌아오기를 바라는 내 자전거처럼, 지난 내 세월도 누가 좀 보상해 줬으면 좋겠다고. 누가 내 아까운 그 시절을 다시 되돌려준다면 최소한 그렇게 힘들고, 하루하루 마음 졸이며 살지는 않을 텐데…. 낡고 녹이 슬었지만 나에게는 없어서는 안 되는 내 자전거처럼, 나에게 30대는 정말 귀중한 젊은 날이었는데 허무하게도 인생 중에 가장 불행하게 보낸 것이다.

안타까워하고 슬퍼하며 되돌리기를 바란다고 해도 다시 돌아오지 않는 세월이었다. 혼자서는 녹록하지 않지만 돌아오지 않는 자전거는 잊고 다시 새로 시작해야 했다. 나는 누가 또 훔쳐 갈지 모르는 새 자전거 대신에 중고로 그나마 괜찮아 보이는 자전거를 샀다. 내 삶은 아예 처음부터 새로 시작하는 삶이 될 수 없기에 반짝반짝 빛나는 새 자전거 같지는 않지만, 자전거를 잃었다고 계속 안타까워하며 그 자리에 울고만 서 있지는 않을 것이다. 다시 내 능력으로 나만의 자전거를 장만했으니 이제는 그것을 지킬 차례다. 누가 절대 훔쳐 가지 못하도록 말이다.

좋은 목소리를 내는 삶

나는 '책 욕심'이 있다. 어디서든 좋은 책을 보면 집에 가지고 와야 직성이 풀리는 심리라고 할까. 지인 집에서 책꽂이를 보다가 읽고 싶은 책을 만나면 그 책은 꼭 빌려 온다. 빌릴 수가 없을 때는 사진을 찍어놨다가 도서관에서라도 빌린다. 그렇다고 집에 가져온 책을 다 읽는가 하면 그것도 아니다. 읽지 않은 책이 이미 많아서 도서관에서 빌린 책은 연체되기 일쑤다. 그럼에도 좋은 글은 다 나를 거쳐 갔으면 한다. 일종의 통과의례라고 할까? 전부 읽지 못하더라도, 좋은 글을 그냥 지나칠 수 없다는 사명감까지 든다.

한번은 부천에 있는 알라딘 중고서점에 갔다. 시간 여유가 좀 있었기에 가지고 있던 상품권으로 책을 몇 권 사볼까 싶었다. 서점 입구에 발을 디디는 것만으로 기분이 좋아졌다. 그 자체가 힐링이었다. 도서관에서는 이런 느낌은 아니었는데 이상했다. 도서관은 책이 제목 순서대로 쭉 정리되어 있어서 정형화된 느낌이라면 서점은 배열이 자유롭고 눈에 띄게 진열되어서 그럴까? 훨씬 자유로운 느낌이었다.

맘에 드는 책 몇 권을 뽑아서 테이블에 가서 앉았다. 책을 좀 훑어보고 난 후, 최종 간택된 3권의 책. 계산을 하고 나오는데 이렇게 기분이 좋을 수가 없었다. 한마디로 나의 책 아가들이다. 아가들을 애지중지 가슴에 품고 지하철을 탔다. 어찌나 뿌듯하고 좋은지.

 빌린 책은 밑줄을 그을 수 없어서 핸드폰으로 사진을 찍어 남겨두지만 내가 산 책은 형광펜으로 밑줄을 그으면서 읽을 수 있어 좋다. 그래, 욕심이 맞다. 이것은 책 욕심이다. 보물을 발견하듯 내 삶에 자양분이 되어줄 문장을 차곡차곡 쌓아두고, 힘들 때마다 천천히 문장을 읽어본다. 삶이 힘들다고 말하는 사람에게도 하나씩 꺼내어 준다. 나에게 힘이 되었던 것처럼 그에게도 도움이 되길 바라는 마음이다. 이것이 내가 책을 좋아하는 이유다.

 그런데 얼마 전 좋은 기회로 책을 쓰게 되었다. 내가 책에서 좋은 문장을 찾아서 담아두기만 했는데, 사람들에게 읽히는 책을 직접 쓰게 되었다. 이렇게 감격스러운 일이…. 언젠가 아주 먼 훗날에 그렇게 되었으면 좋겠다고 생각했었는데, 그것이 현실이 되었다. 막상 글을 쓰려니 생각을 글로 표현하는 것이 쉽지만은 않다. 그래서 걱정이 되었다. 내가 책에서 읽었던 좋은 글, 누군가에게 힘이 되는 한 줄을 과연 쓸 수 있을까? 꿈과 현실의 거리가 느껴졌다.

얼마 전에는 갑자기 목소리가 나오지 않았다. 감기 기운이 있었던 것도 아니다. 아침에 괜찮았던 목소리는 오후가 되면서 쉬기 시작하더니 저녁이 되니 쇳소리까지 났다. 딸은 장난치지 말고 제대로 말하라고 하는데 나도 장난이었으면 싶었다. 병원에 가니 인후염이라고 했다. 몸은 아픈 구석 하나 없었고, 목소리만 나오지 않으니 누가 보면 꾀병이라고 할 것 같았다. 전화 통화를 해도 목소리가 안 나오니 너무 답답하고 누구를 만난다 해도 답답할 수밖에 없었다. '수화라도 배워 놓아야 했나?' 하는 생각도 들었다. 말로 생각을 표현할 수 없는 답답함 그 자체였다.

그동안 나는 어떤 생각을 하고 어떤 말을 했을까? 이렇게 소중한 목소리를 잘 쓰고 있었던 걸까? 혹여 다른 사람에 대한 험담으로 귀중한 목소리를 쓰지 않았나? 이런 목소리의 의도치 않은 멈춤이 나를 돌아보는 시간을 주었다. 나의 목소리…. 문득 책을 쓰게 된 이 시점에서, 나의 이야기가 어떤 목소리를 낼 것인지 고민해 본다.

유명 작가처럼 유려한 문장을 쓰진 못해도, 적어도 나에게 의미 있고, 가치 있는 글을 써야 한다. 그것이 나에게도, 남에게도 힘이 될 수 있도록. 또한 그렇게 되려면, 좋은 목소리를 낼 수 있도록 가치 있게 살아야 한다. 거짓으로 글을 쓸 수는 없기에…. 누군가 내

가 쓴 글 가운데 한 문장을 마음에 품을 수 있도록, 오늘도 진심으로 나의 글에 나의 목소리를 담아본다.

 책 욕심으로 책을 빌려보다가, 어느덧 책을 출판하게 된 한 사람의 이야기를….

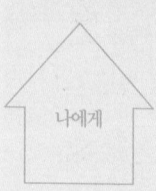

지난날의 상처받은 너에게….

가족과 함께 예쁘고, 행복하게 살고 싶던 너에게 그동안의 삶은 어쩌면 무서움이었지. 편하게 쉴수 없고, 안식처가 아닌 집은, 어쩔 수 없이 들어갈 수밖에 없는 곳이었을 거야. 매일매일 살아도 빛이 보이지 않는 답답한 곳에서 힘들었지?

울고 싶고, 벗어나고 싶고, 소리치고 싶었을 텐데…. 그동안 참아내느라 고생 많았어. 너의 그 시간이 절대 헛되지 않았을 거야. 그 덕분에 아이들이 바르게 잘 자랐으니까.

네가 없었다면 그때 아이들은 어땠을까?

험난했던 지난 시간도 지금 이런 좋은 시간을 만들기 위한 과정이었다고 생각해.

자책하지도, 후회하지도 말자.

나는 네가 자랑스럽다. 꿋꿋하게 너의 삶을 꾸려가며 활동하고 있고, 주변을 활기차게 만들어주는 너의 성격과 모든 것이…. 사람들이 너를 좋아하잖아. 너는 그런 존재야. 주변 사람들에 밝음을 주고, 생동감을 주고 웃음을 주는…. 그것은 너라서 가능한 일이고 너만의 특별한 재능이니까.

남들이 다 할 수 있는 것은 남들이 하게 놔두고, 너만이 할 수 있는 그런 특별한 것을 만들어보자. 누군가에 맞춰서 남들이 좋다는 것 하지 말고, 네가 좋아하는 것, 하고 싶은 것을 했으면 좋겠다. "그렇게 살아서 나중에 어떻게 할려고 하냐?"는 염려 따위는 접어두자. 너 스스로에게 가장 잘 맞고 어울리는 것을 찾아서 하면 돼.

힘들었던 지난 시간은 너의 삶에 어쨌든 도움이 될 것이고, 그런 시간으로 인해 다른 사람에 대한 공감과 상처마저도 안아줄 수 있는 사람으로 성장하리라 믿는다.

또 한 가지, 지루하고 힘들지만 꾸준히 할 수 있는 것들에 집중해 보자. 네가 성장할 수 있는 그 방향 말이야. 너는 글쓰기를 좋아하니까 그 글을 매일매일 써보는 건 어떨까? 어쩌면 그것이 네 인생의 전환점이 될 수도 있으니까.

우선 너는 아이를 위해서 건강을 지켜야 하니 열심히 운동해야 해!! 뭔가 나만의 강점으로 돈을 많이 벌어야 해!! 라는 뭐든지 하려는 의욕만 앞서 있었다면, 이제는 재정비의 시간으로 방향을 정하고 차곡차곡 쌓아나가야 하는 그런 시점이야. 뚜렷한 방향을 정해놓고 달려야 목적지에 도달할 수 있는 것처럼 말이야.

할 수 있겠지? 세상의 하나뿐인 존재인 너를 사랑하고 믿는다!

너에게

아들에게

엄마와 매일 함께 있던 우리 아들이 아빠와 산다고 했을때, 엄마는 많이 당황스러웠지만 결국에는 너의 결정을 존중하기로 했어.
하지만 얼마 지나지 않아서 깨달았어. 우리 아들의 빈자리가 얼마나 큰지, 매일 보고 만지고 얘기하던 우리 아들이 옆에 없는 것이 얼마나 큰 상실인지 느껴져서 얼마 동안은 기도하다가 매일 울었어.

그동안 엄마가 우리 아들을 키운줄 알고 있었는데, 그게 아니라 우리 아들이 엄마에게 힘을 주고, 즐거움을 주고, 살아갈 용기와 힘든 시간을 감내 할 의지를 주었었나봐. 그때 네가 단지 중3이었는데 우리 아들의 학창시절 커가는 것을 옆에서 보고, 챙겨줄수 있는 것이 엄마의 기쁨이였는데 그것을 못했다는 생각에 엄마는 안타까운 마음이 들어. 이제 곧 성인이 되는 우리 아들…. 엄마는 늘 미안한 마음이 든다.

　생각나니? 우리 가족이 놀러갔던 날 밤이었지. 숙소에서 차에 무엇을 꺼내러 갔던 엄마가, 주변이 칠흑같은 어둠이어서, 너무 무서워서 아빠에게 무섭다고 빨리 와달라고 전화를 했었지…. 그후에 멀리서 불빛이 다가왔고, 너무너무 반가웠는데 "엄마!! 괜찮아? 많이 무서웠어?" 하면서 우리 아들이 왔어…. 그때 우리 아들도 고작 7살이었는데 말이야. 엄마를 지키러 온 흑기사 같았어. 어리지만 속이 깊고, 엄마를 많이 생각해줘서, 엄마가 우리 아들 이야기를 누구에게 하면, '어린데도 정말 착하고 듬직하다'고 얘기했었어.

　아들, 이제 얼마 안 있으면 20살이 되는구나. 곧 군대도 가고, 회사도 가고, 결혼도 하는 날이 오겠지? 이거 하나 기억해줄래? 우리 아들이 엄마랑 같이 있던 시간과 떨어져 있던 시간 모두 엄마는 늘 너의 엄마였던 것처럼 앞으로 너의 모든 시간이 좋은 일은 물론이고, 힘든 시간이 있던 하루에도 엄마가 늘 함께 한다는 것을 생각해줬으면 좋겠다.

　아들, 많이 많이 사랑한다.

딸에게

　엄마를 닮아 말랑이 복숭아를 좋아하고 간장 게장을 좋아하는 나의 마미 우리 딸~! 명목상은 엄마가 너를 키워주고 보살피는지 모르지만, 사실 엄마는 너로 인해 많은 위로를 받는지도 몰라. 엄마 앞에서 때로는 춤추고, 때로는 속상했던 일을 얘기하고, 때로는 뭐가 너무너무 먹고 싶다고 얘기하고…. 그런 것들이 엄마의 삶에서 구석구석 빈자리를 메워줘서 외롭지 않게 만들어 준 것 같아.

　우리 딸의 존재만으로도 엄마는 너무 감사한 마음이 들곤 해. 요즘들어 사춘기가 왔는지 엄마랑 부딪히는 부분도 많았지? 힘든 점도 없을 수 없지만 그것도 우리 딸이 커 나가는 과정일 거야.

　가끔은 세상 제일 완벽한 엄마에게 맡겨서 우리 딸을 키우게 한다면 더 잘 자라지 않을까 그런 생각도 해봤어…. 하지만 세상에서 누구보다 너를 가장 사랑하는 건 엄마이기에, 엄마가 우리 딸을 키우고 있는 거겠지?

　우리 딸에게 한가지 바라는 점은, 책을 가까이 하는 아이로 자라서 우리 딸의 인생에 책에서 나오는 좋은 말들이 도움이 됐으면 좋겠다는 거야. 우리 딸 소중한 학창 시절을 때로는 재미있게, 때로는 열심히 공부도 해보고, 좋은 친구를 사귀고, 엄마랑 좋은 추억도 많이 만들자. 사랑해 우리 딸!!

요즘은
어떠세요

대학로에 연극을 보러 갔다. 집에서 한 시간 반이 걸리는 거리지만, 연극을 좋아하는 나에게는 멀게 느껴지기는커녕 오히려 가는 길이 즐겁고 설렌다. 연극에는 삶의 희노애락이 다 들어있다. 거의 바로 눈 앞에서 관람하기 때문에 배우들의 감정이나 느낌이 영화보다 훨씬 더 잘 느껴진다. 그 안에서 배우들이 말한다. 행복은 우리 옆에 바로 가까이 있고 소중한 순간은 바로 내가 좋아하는 사람들과 함께하는 지금이라고…. 사람은 작은 마음으로도 감동할 수 있으며, 인생은 살만한 곳이라고…. 그러니 인생을 즐겁게 살라고….

그런데 왜 그동안 나는 즐겁게 살지 못했을까? 내가 선택한 결혼이었으니 그 생활이 못 견딜 정도로 힘들다면 그냥 마침표를 찍어도 되는 거였다. 나의 삶이기에 내가 그렇게 결정한다고 해서 아무도 나에게 뭐라고 할 수 없고, 설령 뭐라고 할지언정 내 삶의 주인은 나이기에 내 뜻대로 해도 되는 것이었다. 왜 나는 그동안 그렇게 하면 안 된다고 생각했을까? 왜 죄짓는 것 같은 기분이 들었을까? 아마도 많은 사람들 앞에서 결혼식을 했고 부모님과 아이들까지 다 얽혀있기에 주저했을 것이다.

하지만 이제 나는 이혼을 결정했고, 내 삶에 대해 내 뜻대로 결정하는 것에 있어서 자유롭다. 다른 누군가를 위해서 내 인생을 사는 것이 아니기에 오늘도 내 삶을 나를 위해서 계획한다.

나는 최근에 미술치료 자격증도 취득했고, 직장도 다니고 있으며, 틈틈이 좋아하는 연극과 공연도 보러 다니고 여행도 계획한다. 세상에는 아직도 내가 모르는 재미있는 일들이 많고, 하고 싶고, 좋아하는 일들도 많다. 나는 내가 좋은 것을 해보고 주변 사람들한테 알려주기를 좋아한다.
"이걸 하니까 재미있었어."
"내가 해봤는데 이거 너무 좋아 추천해 줄게."

연극에 희노애락이 있다면 나는 그 중 힘든 부분을 많이 겪었으니 이제는 즐거움이 많을 차례다. 나는 내 삶의 주인공이고 연출자이기에, 앞으로의 삶은 주인공이 온갖 시련을 겪고 행복해지는 시나리오로 구성해 본다.

여섯 번째 이야기

내 인생 그래프 중에서 가장 버라이어티하고 가장 사랑이 가득하고, 가장 뜨거운 빡침이 가득한 이 시기는 내 행복 시절의 시작이다. 하나에서 둘이 되어 행복 시절로 한 걸음 한 걸음 나아간다. 오늘도 두 손 꼭 잡고 두 눈을 마주하며 한 곳을 바라본다.

지 지 향

생각보다 훨씬 사랑 받는 꽃 풀림.

너무 노력하며 불타버리는 나무, 밟히고 밟혀도 다시 피어나는 풀, 포용력 넓은 땅, 밝은 미소의 해, 고고한 빛줄기, 매력적인 달 그리고...

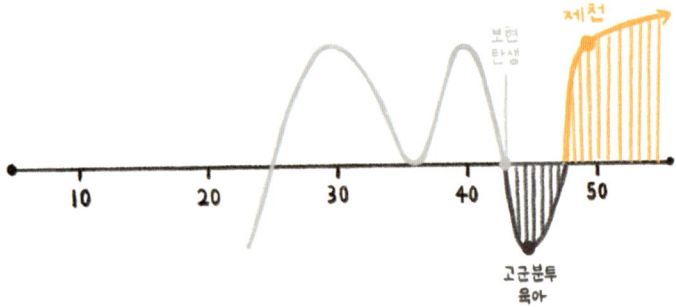

　소녀는 형제가 많고 가족이 넘치는 바닷가에서 살았다. 집에서는 존재감 없이 작아져 있어도 학교에 가면 슈퍼스타였다. 공부는 취미 없고, 꺅꺅 소리 지르는 후배들을 뒤로 줄 세우며 반장들과 어울려 놀았다. 그것도 아주 잠깐이지만.

　시간이 흘러 고등학교에 진학했지만 학교에는 원하는 무용부가 없었고 취업만을 목적으로 숫자와 전쟁을 해야 했다. 상고에서는 내신 대신 자격증을 손에 쥐기 전까지 소녀들을 오징어 볶음처럼 달달 볶았다. 소녀의 댄싱 유전자는 취업할 무렵 밟혔고 점점 사라져 갔다. 알바를 통해 학원 다니는 것 이상의 욕심을 내지 못했던 어린 시절 소녀의 꿈은 현실과는 너무 거리가 멀었다.

20대 중반쯤, 소녀는 바닷가 마을 같은 하늘 아래 한시도 살고 싶지 않았다. 그래 엄마는 직감했을 것이다. 먹지도 웃지도 않는 소녀가 세상을 버릴지도 모르겠다고. 그래서 소녀는 서울로 날아오를 수 있었다. 절대로 그 처참한 바닷가 도시로 다시 돌아가지 않을 거라 마음먹고 기차에 올랐다.

하지만 서울살이도 생각과는 달랐다. 써먹을 데 없는 마마보이. 돈 많은 어머니의 날개 아래서만 말을 타는 찐따 중의 찐따, 분수에 안 맞는 삶에 애 엄마도 패는 몹쓸 기사. 그 기사를 품느라 정작 소녀는 타향살이 10년의 전부를 잃고, 외상후스트레스장애를 얻었다.

'아, 정말 싫어.' 세상에 저항하던 소녀는 주변에 의해 점점 미친년이 되어 있었다. 이해해 주지 않는 사람들, 같은 입장이라고 착각하며 나 자신의 벅참도 살만한 것으로 치부하며 애써 도왔던 일들. 여성 사회복지 대상자로서 16년째 바라본 바 공무원이 일하는 방식과 그들의 사고 체계는 이해할 수 없었고, 미혼모 인식 개선 활동가, 이사로 활동하면서 쌓인 경력으로 문화체육관광부, 교육부를 두루

드나들며 쌓이는 정보는 부조리와 불합리 투성이었다. 대한민국의 관료주의와 어두운 부분들을 두루 체험할 수 있는 삶이었다.

지향의 이야기

무아지경

춤은 나고 나는 춤이다. 그래서 자극적인 몸짓의 '유혹의 춤'은 추고 싶지 않다. 남들이 애욕에 젖어 보여달라는 춤이 싫다. 나 자신이고 내가 그것인 내적인 움직임의 원천, 누구에게나 다 있는 그 샘물, 퍼내도 퍼내도 마르지 않는 그것이 나에겐 춤이다.

무아지경. 살아있다는 생명력을 감지할 수 있는 유일한 순간이었다. 춤을 추며 나는 위로받았다.

너는 그렇지 그렇게 가치 없지 않아. 너는 사랑받아 마땅해 너도 쓸모가 있을 거야.

이렇게 이뻐하는 사람이 많은걸. 너의 잘못이 아니야, 나쁜 짓을 한 사람이 나쁘지.

엄마가 아빠가 너를 무시하는 건 그들도 아프기 때문이야. 어느 날 오렌지빛 세상이 올 거야. 상큼하고 달콤한 맛 가능한 시간이 너에게도 허락될 거야.

항구도시, 많은 가족, 부족한 돈, 날뛰는 세상 물정 속에서 살아 숨 쉬는 작은 생명. 그 와중에도 나는 더 말이 없는 해맑은 아이였다. 어디로 튈지 모를 생명력 넘치는 아이는 춤으로 두려움을 해소하려 했다. 일방적인 대화를 견뎌내지 못할 것 같으면, 슬그머니 2층으로 갔다. 불도 끄고, 음악만 켜고 가끔 우당탕 소리만 나는 상황을 가족들은 그냥 내버려두었던 듯싶다. 주말의 명화를 통해 보았던 댄싱 영화들과 뮤직비디오들은 나에게 억압에서 벗어난 해방감을 주어 날아오르게 했다. 크리스마스고 명절이고, 주말이고, 공휴일이고 주야장천 일만 했던 내가 집에서 영화를 보는 시간만은 엄마도 막지 못했다.

희망을 들어낼 수밖에 없었던 시기는 11살 나이에 한반도를 떠들썩하게 했던 88올림픽이다. 돈 있는 집안 아이들만 차출되어 갔던 개막식 매스게임에서 탈락한 순간은 세상이 무너지는 것 같았

다. 인정받던 내가 선택받지 못했다는 것은 깊은 절망이었다. 파워와 풍부한 표현력, 사람을 매료시키는 감정표출에 무용전공자들도 입을 모아 "얘는 무용을 해야 해요. 꼭 시켜주세요." 라고 부모님께 성토했었다. 먹지 않아도 배부르고 바닥에 땀이 쏟아져도 지치지 않는 시간. 그 빛나던 시절에 나는 부족했던 트로피들을 하나씩 채우려 했다.

나에게 반한 그 사람, 춤을 추기 위해 나의 도움이 필요했던 그 사람을 만났고 내 사람으로 받아들이고 싶었다. 하지만 출산과 함께 내 몸은 더는 내 것이 아니었다. 준비되지 못한 출산은 차라리 재앙에 가까웠다. 기저귀며 분유도 살 수 없어 천 기저귀를 사용했다. 나의 짐을 보는 사람마다 기절할 듯 숨을 들이켜며 놀랐다. 지금 이 시대에 설마! 전기세며 가스비며 생활비를 아끼려 아이는 포대기로 업고 필요한 짐들은 바리바리 싸 들고 다녔다. 여기저기 도움을 청

하러 다니는 동안 나는 점점 지쳐갔다. 손가락 하나 까딱할 힘조차 없이 사그라져 갔다.

 내가 나로 존재할 때, 움직임으로 나를 표현할 수 있을 때 다시 춤을 출 수 있으리라. 나의 결정들이 오롯이 나답게 내려질 때 다시 춤을 출 수 있을까? 더 이상 이것저것 고려하지 않아도 될 때, 나는 다시 무아지경에 빠져들 수 있을까? 자연이 푸르르고 사람의 감옥에서 벗어난 그곳에서라면 가능할까.

선물 같은 아이

 보물 같은 아이를 만나게 된 것은 사람다운 삶을 살고 싶은 때였다.

 너무 외로웠고, 책임을 다하지 못한 일들이 나를 조여왔지만 나는 사람답게 살고 싶었다. '소중이'라는 태명의 내 아이는 이미 나에게는 선물이었다. 아이를 낳지 말아야 할 수천만 가지의 생각이 내 숨통을 조여왔고 잠 못 이루게 했다. 그러나 한 줄기 빛처럼 아이를 온전히 지켜야 한다는 결심은 내 숨통처럼 붙잡고 있었다. 밥 냄새로 밥알 한 알도 삼키지 못해도 호흡을 연명하며 아이를 보존하였다.

결심하고 나니 마음은 더욱 단단하게 다져지고 스스로 아이를 책임져야겠다고 생각했다. 이미 한 번 가정폭력으로 인한 이혼을 경험해보았기에, 더욱 신중히 생각하고 싶었다. 남성이라는 이미지가 부정적인 나로서는 상황이 너무나 두려운 나머지 빠르게 뒷걸음질 치고 있었다.

자신의 아이에 대한 의심과 가족에게 종속하기를 바라는 그 사람은 너무 무력해 보였다. 안쓰러워도 다독여가며 용기를 주어서 한 사람으로 한 성인으로 함께 성장하고 싶었지만 나의 바람은 시들어 갔다. 시들어 버린 바람만큼 주변 사람들도 하나 같이 내 생각에 찬성하지 않았다. '아이는 아빠 줘버리고 새 인생 살아라. 책임감 없는 건 저쪽인데, 네가 왜 고생하려 하느냐.' 소중한 선물이라 '소중이'라 불렀던 태아를 어쩌지 못해 안달하는 사람들의 모습이 참 야속했다.

어린 시절, 외로워도 책만 있으면 상상의 세계 속에서 행복을 만끽했다. 영화와 책으로 세상을 배우는 나의 작은 시절은 그것으로도 족했다. 아들이 아니어서 태어나자마자 외면받는 것이 서러웠고, 거의 모든 희망이 묵살되었던 나지만 나의 '소중이'는 원하는 것이 무엇이든 잘하게 해주고 싶었다.

그러나 세상이 변했어도 산은 산이고 바다는 바다이듯 아비 없는 아이는 천덕꾸러기였다. 버릇없는 망나니로 키워 소중한 아이를 구박데기로 만들고 싶지 않았다. 사려 깊지 않은 망나니의 작은 행위가 주변에 얼마나 큰 부정의 선물을 주는지 너무나 잘 알고 있었기에 더 노력했고 애를 썼다.

왜 엄마가 당당해야 하는가? 왜 아름다워야 하는가? 왜 훌륭해야 하며 사랑이 넘치는 것을 타인에게 인정받아야 하는가? 부족한 대로 아이를 품고, 양육하는 것으로 엄마로 인정받을 수는 없는가? 외모지상주의와 줄 세우기식 승자독식의 세계에서 하나에서 둘이 된 여인들. 특히, 영유아를 양육하는 둘이 하나인 시간 안에서 왜 당당함을, 미모를, 성실함을 모성애를 요구하는가. 그냥 그 상태로 엄마로 인정해주길 바랐다.

그들이 타인과 경쟁하며 가장의 역할까지 도맡고 있는데, 가족에게 수용되지 못하는 엄마는 오롯이 혼자서 엄마를, 가장을, 지혜로운 선생님의 역할을 하며 이 아이를 존중해주지 않는 세상에 살아남아야 하는데 누가 거기에 잣대를 대는가. 시간이 흐르고 스스로 희망할 때 자아를 채우길 기다려주면 안 될까? 막무가내로 살겠다는 말이 아닌데 말이다.

다시 탄생의 순간으로 기억을 거슬러 올라가 보면, 나는 아이를 만난 순간부터 상승곡선을 타고 비상 중이다. 이륙하기 위해 활주로를 달리는 순간들이 필요하듯 우리는 날아오르기 위해 걷는 중이다. 내 인생 그래프 중에서 가장 버라이어티하고 가장 사랑이 가득하고, 가장 뜨거운 빡침이 가득한 이 시기는 내 행복 시절의 시작이다. 하나에서 둘이 되어 행복 시절로 한 걸음 한 걸음 나아간다. 오늘도 두 손 꼭 잡고 두 눈을 마주하며 한 곳을 바라본다.

나에게

괜찮아 네 잘못이 아니야, 그래도 돼. 나는 너의 유일한 베스트 파트너야! 삶에서 힘겨움을 지날 때도 그 모습 그대로 괜찮아. 더러워지고 하찮아지고 망가지고 널브러져도 괜찮아. 그럴 땐 잠깐 쉬어 가란 뜻이야. 너의 곁에는 항상 내가 있을게. 부족한 모습만이 네가 아닌 걸 알잖아.

"열매를 따지 못했어요."

괜찮아. 찌그러졌어도 그건 열매 맺기를 해낸 거지 못한 게 아니야. 온전한 열매 맺기는 또 다른 얘기로 접근하자. 잎사귀가 말라비틀어져도 제 역할은 하니까 너무 안타까워하지 마. 완벽하지 못했다고 기운 없어 하지 않아도 돼. 실수해도 되고, 잘못해도 되고 부족해도 돼. 늘 최선을 다하는 너를 보았어. 울면서 감내하는 너를 보았어. 늘 너를 보았어. 늘 아름다워지려 노력하는 너를 보았어.

시든 꽃도 변함없이 꽃이고, 썩어 있어도 뿌리는 한동안 땅에서 지탱해 줄 거야. 썩어버린 나무여도 마지막까지 기운차게 버섯을 만들어내며 사그라들겠지만, 그래도 괜찮아. 자연의 순리는 그러해. 너란 씨앗이 무엇이 돼도 괜찮아. 네가 좋으면, 네가 최선이면 그게 다야. 아무거나 되어도 당연히 사랑스러운 너야.

세상살이에 버거운 것이 많지. 그래서 자주 한숨도 쉬었을 거야. 내가 보고 있었어. 고까운 이가 있어도 괜찮아. 너의 감정이잖아. 그래도 내버려 둬. 세상살이 계산 정확한 거처럼 제 할 대로 받게 돼 있지. 하고 싶은 걸 해. 그래도 괜찮아. 너무 재촉하면 힘들지. 그러다 아프면 이제 쉬어야 하는 타임이구나 하고 멈춰. 그래도 괜찮아 다시 또 하면 돼.

아이가 네 삶을 지탱해줄 거야. 또 아이한테 너의 삶을 전해 줄 거야. 딱 마음에 안 들 수도 있지만, 이것이 네 것이란다. 네 마음에 흡족하게 살아가 보자. 너는 스스로 커가는 풀림이잖아! 고대로 손댈 것 없이 어여쁜 아이 풀림.

요즘은
어때요

　내 맘대로 되는 것은 액셀과 브레이크뿐인 요즘이다. 살랑이는 바람과 상큼한 콧속을 파고드는 음이온들, 그곳 산골은 자연이 풍성한 곳이다. 풀 한 포기, 꽃 한 송이, 돌덩이 하나도 각각의 아름다움을 뽐내는 그곳에 숨통을 열어놓는다.

　대도시 아파트에서 자라 예민하고 여리게 자란 아이들이 제 몸을 스스로 지켜야 하는 이 시대에 어른들, 특히 교사들을 믿을 수 없었다. 그래서 뛰어다닐 수 있는 곳이 지천이고, 자연이 만든 그림이 병풍처럼 펼쳐진 그곳에서 아이와의 새 학기를 시작했다.

　시골은 사람이 귀하다. 시골의 사람들은 죄다 도시로 몰려 나와 있다. 학교로 직장으로 손주를 돌보러 혹은 지내던 곳이 강제로 사라져서. 더 많은 돈을 벌기 위해 자연을 망치고 암에 걸려 고통받으면서도 살기 좋다고 변명하는 어른들의 뻔뻔함을 보며 내 아이는 사람다운 사람으로 키우고 싶어 이곳, 제천으로 하향했다.

아파트 브랜드와 부모가 소유한 자동차가 정체성이 되는 친구들의 얕은 정을 보며 엄마로서 채워줄 수 없는 부족함이 예상되어 내 아이를 그 상황에 가능한 늦게 노출하고 싶었다. 외제 차에 온갖 IT 기기, 명품으로 치장하며 위세를 부리는 엄마들 사이에 내 아이를 적응시키고 싶지 않았다. 나의 이기심과 욕심, 양육 태도에 선이 그어져 있다는 말에도 나는 굽힐 수 없었다. 아이를 순수하게 키우고 싶었다. 결국은 힘든 세상으로 들어갈 아이니까. 유년의 세포 조직에는 천연과 자연과 인정과 자비를 새겨주고 싶었다. 엄마로서 전해 줄 수 있는 유일한 유산처럼 느껴졌다.

내가 돈을 모으면 얼마나 모을 수 있을까, 지레 겁이 나서 아이에게 돈으로 줄 수 없는 것을 채우고 싶었는지도 모른다. 자식에게 욕심 없는 이가 있을까. 명품과 성적 대신 건강과 굳은 심지, 옳은 신념을 남겨주고 싶었다. 그러나 나는 오히려 은따 왕따 비슷하게 통하는 이들은 이미 끼리끼리, 지어둔 경계 밖의 사람은 제외한 채로 패를 지었다. 함께 하고 싶은 마음이었다. 아이 아빠에게 외면받고, 부모와 가족에게서 외면받고, 서류상 조건이 안 돼서 외면받는데, 양육방식이 다르다고 돈이 없어 찌질하다고 외면받지 않고 나도 그들처럼 함께 웃고 싶다.

나와 같은 어려움으로 잠든 아이를 눕혀 놓고 대성통곡하는 엄마들이 없도록, 혜택을 받고 또 받고 월급으로 사업으로 투자로 돈을 쓰고 또 쓰는 사람에 밀려 정작 중요한 정책과 인식 개선을 위해 낼 목구멍을 틀어막지 않도록. 자신들의 부족함을 채우기 위해 더 어려운 이들을 보살피던 일들을 없애는 실무자들의 잘못을 바로잡고자 다시 기운 내고 싶다.

마땅한 일들이 마땅히 되도록 영향력을 키우고, 도움이 절실한 이들이 도움을 받는 정의로운 문화, 선착순이 아니라 일등이 아니라 내게 호의적인 이에게 특혜를 주는 것이 아니라 억울함이 만들어지지 않도록 계속 앞장서고 싶다. 우리 아이가 살아갈 세상이기에 더 맑아지고 좋아질 수 있도록 오늘도 이렇게 힘을 내어본다.

일곱 번째 이야기

나의 자유와 해방은 그 깨달음과 포용 속에 있었다. 힘든 건 잘못이 아니라는 사실을 깨닫기까지 하늘과 땅은 수차례 무너져 내렸다. 그래도 그런 시간이 있었기에 나는 나를 이해하는 법을 배울 수 있었다. 이혼한 나 자신과 화해하게 되었다. 홀가분해졌다.

김 도 비

  번듯하지는 않아도 반듯하게는 살 줄 알았는데 어쩌다 삐딱해진 (구)모범생, (현)싱글맘. 바닥을 딛고 일어나 잃어버린 자신을 찾아가며 자신감도 회복 중이다. 아이들과 행복하게 살고 싶다.

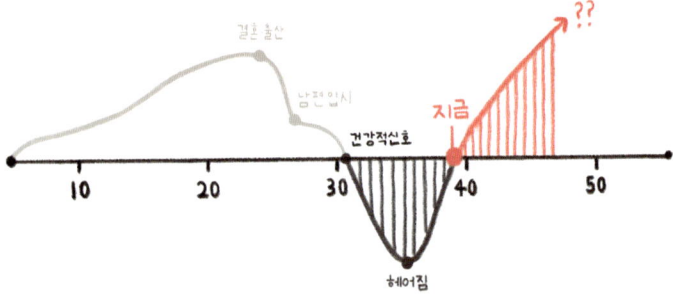

 엄마는 가끔 교회 사람들에게 왜 애들이 다 공부를 잘하냐는 시샘 어린 말을 들었다고 했다. 정말 그랬다. 유교와 개신교 문화를 좋아하신 부모님은 반듯하게 자녀를 양육하고자 하셨고, 집에는 늘 책이 많았다. 나는 자연스레 책의 안과 밖에서 다른 사람의 마음을 헤아리며 자랐다.

 중3 때부터는 해가 지는 줄도 모를 만큼 공부에 푹 빠지면서 전교 1등을 연달아 했다. 고등학교 때는 차 멀미를 안 하려고 기숙사에 들어갔는데 사감 선생님이 나를 예뻐하셨다. 밤잠이 많은 내가 의무였던 야자 시간에 종종 졸았더니 피곤할 땐 언제든 자러 들어가라고 배려해주셨다. 그런 특혜를 본 건 전 학년을 통틀어 나뿐이었다. 집에 못 가는 일요일에 교회 가느라 외출을 할 때면 나더러 해리포터냐고 놀리는 친구도 있었다.

나는 교장 선생님한테도 차를 얻어 마시고 생일 축하를 받았다. 동아리 활동을 열심히 했으며 이따금 근처 남고 밴드부실에 몰래 놀러가거나 수업을 빠지고 친구네 집에서 라면도 끓여 먹었지만, 그 외에는 대체로 공부에 열중했고 부모님이 좋아한 대학에 면접도 안 보고 합격했다. 사실 가고 싶은 대학교는 따로 있었지만, 면접을 보고 합격 통지까지 받은 후 아쉬운 마음을 접고 부모님 뜻에 따랐다.

학교는 싫었지만 학업은 즐거웠다. 어떤 교수님과는 같이 화과자를 먹는 사이가 되었으며, 그분은 내 과제물을 강의 샘플로 쓰고 싶어 할 만큼 좋게 평가하셨다. 또 다른 교수님은 시험을 치기도 전에 A+를 주셨고, 대기업에 자리도 소개해 주셨다. 내가 자신의 Star Student(최애 학생)라고 불러준 교수님, 발표하는 내가 빛났다고 하던 후배들, 그 사이에서 숙제를 열심히 하는 동안 뜻하지 않게 글쓰기 연습도 많이 했다. 그러다 우연히 공적인 글쓰기를 몇 차례 했고, 그걸 계기로 편집일을 하는 부서에 들어갔다. 당시 나는 내가 자란 가정에 대해 주로 썼는데, 추억하며 감사한 일이 많아서 나도 좋은 가정을 꾸리고 싶다고 생각했다. '이야기를 쓰는 일'은 재미있었고, 사람들이 잘 읽었다고 말하면 보람도 있었다. 앞으로도 이 일을 계속하고 싶다는 생각이 들던 즈음 그 사람을 만났다.

공부하는 사람이었던 그는 글을 쓰는 내게 관심을 보였다. 나는 내 관심 분야를 아우르는 분야를 연구하던 그 사람에게 마음이 갔다. 그와 가까워지고 이야기를 많이 나누면서 그 사람과 함께 책이 쓰고 싶었다. 각자의 언어로 같은 가치를 이야기하고, 연구에 재능이 있는 그의 이야기가 세상에 아름답게 나올 수 있도록 돕고 싶었다. 함께 쓰고 싶었던 책은 끝내 못 쓴 채 나 혼자 이혼 이야기를 쓰고 있지만 말이다.

학바라지를 이어가며 결혼생활이 나빠지는 동안 나는 반짝였던 내 학창시절이 가끔 생각났다. 착한 딸이었고, 좋은 학생이었고, 잘 돕는 아내였는데 어느 순간 그 빛이 다 사라지고 없었다. 너무 지쳐서 삶을 지속하고 싶지 않았다. 죽기보다는 까무러치기가 나을 테니 남은 선택지는 이혼뿐이었다. 반듯해야 해서 지금껏 그렇게 살아온 나는 곧은 선에서 벗어날 때가 가까워오자 벼랑 끝에 선 듯 무서웠다.

도비의
이야기

더한 것도 참고 산다는 말

2년 전 나는 아빠와의 안부 통화 중 마침내 이혼 결심을 밝혔다. 그간 우리 부부 사이에 있었던 일을 터진 둑처럼 쏟아냈을 때 아빠는 왜 이렇게도 내 상황을 몰랐을까 미안해했고, 안타까워하셨다. 나는 말했다. 그랬으면 엄마는 김 서방 반찬 하나라도 더 챙겨주라고 했을 거라고. 집에서라도 편히 쉴 수 있도록 울타리 같은 아내가 되어주라는 말로 내 어깨를 더 무겁게 했을 거라고.

엄마는 그런 사람이다. 자신보다 남편을, 자식보다 남을 먼저 생각하는 사람. 엄마가 사모라는 이름으로 살아오며 했던 모든 고생 끝에서 엄마는 희생의 아이콘이 되었고, '현숙한 여인'이라는 면류관을 얻었다. 가까이서 보고 자란 게 그런 거라 나도 그렇게 살아야 하는 줄 알았다. 남편은 사람들의 기대를 한 몸에 받았고, 그런 남편의 진로와 꿈이 너무 중요했던 나머지 나의 취직과 꿈은 덜 소중하게 여겼다.

 남편이 학업에 열중하는 3년 동안 외톨이 육아를 한 후, 나는 어린 아이들과 함께 그의 유학길을 따라갔다. 거기에서도 남편은 어디 있냐는 말을 여러 나라 언어로 들으며 육아를 이어갔다. 사람들은 나더러 대단하다는 말을 종종 했는데, 대단하고 싶었던 적이 한 번도 없었던 나는 그 말을 들을 때마다 몰래 슬펐다. 고생 끝에 암이 왔을 때 식구들은 내가 고생을 많이 해서 그런 거라고 했다. 그 말에 몸과 마음이 더 지쳤다.

 엄마는 그래도 사위 걱정하기를 잊지 않았다. 딸 고생시키는 사람이라고 욕을 해도 되었을 텐데 엄마는 그러지 않았다. 당신이 늘 혼자 우리를 키우며 남편 위해 헌신하는 삶을 살아왔기에 내가 하는 고생 역시 남들 다 하는 출산 정도로 여기는 듯했다. 나더러 고생이 많다고 공감해주면서도 당신은 더한 것도 참고 살았다고 했다. 얼마나 고달팠을지 짐작하기도 싫은 옛날이야기가 이어질 때면 내 고생 따위는 명함을 내밀 수 없어져서 어쩐지 서글펐다.

 엄마가 못할 얘기를 한 건 아니다. 다만 나는 컨디션이 좋지 않았고, 엄마는 번지수를 잘못 찾으셨을 뿐. 엄마가 힘들게 지낸 얘기를 들어 보면 아빠는 참 가부장제에 충실했고, 엄마 역시 유교와 개신교에 충실한 아내이자 엄마였다. 우습게도 엄마는 이따금 이런저런 얘기를 하며 "너희는 나처럼 살지 마."라고 하셨는데 나는 그 말이 어딘가 조금 무책임하다고 생각했다.

내 갑갑한 결혼 생활은 자랑거리가 아니었고 남편은 부부 사이의 문제를 밖에다 알리는 걸 아주 싫어해서 오랫동안 남들에게는 그런 말을 하지 않고 살았었다. 그러다 더는 참기 힘들어져 친구에게 내 결혼 생활에 대해 얘기했을 때 친구가 너무 놀라서 나도 덩달아 놀랐다. 그렇게까지 심각한 줄은 몰랐으니까. 엄마는 내가 조금만 얘기해도 늘 자기는 더 힘들게 살았다고 했으니까.

누군가의 남편이 이기적이었다고 해서 내 남편의 잘못까지 정당화할 수 없는데, 언제부터였는지 나는 내 결혼 생활의 부조리를 당연한듯 여겼다. 뭔가 단단히 잘못되었다는 사실을 그제야 깨달았다. 내가 다른 엄마 손에 컸으면 이렇게 살지 않았을 텐데 한평생 보고 배운 엄마처럼 참고 사느라 삶이 고달파진 것 같았다. 그런데 아무리 생각해도 엄마의 고생을 일흔 살, 여든 살까지 답습하며 살 자신이 없었다.

나는 결국 나를 슬프게 한 엄마의 말과 삶으로부터 나를 분리하기로 했다. 그리고 딸아이에게 '너도 엄마처럼 살아'하고 말할 수 있는 삶을 살기로 했다. 지나온 세월이 덧없어 슬픈 만큼 앞으로는 내 삶을 하찮게 여기지도, 후회할 일로 채우지도 않는 선택을 하는 엄마가 되기로 했다. 이혼도 그런 선택 중 하나였다. 아이가 자랐을 때 엄마는 왜 그러고 살았냐는 생각을 하지 않기 바랐다.

아이의 삶은 엄마의 고생 위에 지은 집이 아니니 자신의 행복을 위해 살아가라고, 누군가를 위한 불쏘시개로 살아가는 삶도 의미 있겠지만 나 자신으로 살아가는 게 우선임을 알려 주기로 했다. 힘들다고 하면 너 자신을 잃으면서까지 버틸 필요는 없다고, 네 자신이, 너의 안녕이 가장 중요하다고 알려 주는 엄마가 되고 싶다.

힘든 건 잘못이 아니잖아요

나는 잘 참는 사람이다. 하도 잘 참아서 첫 출산 때는 자궁문을 7cm 열고서도 샌드위치를 먹으며 병원에 들어갔다. 학바라지를 십 년 가까이 하면서도 정말 너무 힘이 들 때만 남편에게 힘들다고 말했다. 그런데 그는 본인도 최선을 다하고 있다고 자기가 공부를 때려치워야 하냐며 외려 화를 냈다. 안 힘든 사람이 어디 있냐고, 더 고생하는 사람도 많다고 했다.

그의 말이 틀리지 않아 뭐라 더 말을 할 수 없었다. 누구보다도 성실히 공부에 임하는 그를 잘 알았기에 열심히 참았고, 남편 앞길 막는 여자가 될 수 없어 또 참았다. 그러다 오랜만에 전화로 안부를 묻는 친구에게 힘들다고 말했다. 남편이 내게 했던 가슴 답답한 말을 친구에게 옮겼다. 그걸 들은 친구는 이렇게 말했다.

"언니, 말의 참 거짓 여부를 떠나서 그런 말은 언니가 자기 자신을 위로할 때 할 수 있는 말이에요. 남편이 원인 제공자인데 그런 말을 하면 안 되는 거예요. 남편이 그렇게 살아서 언니가 힘든 거잖아요. 그렇게까지 버티면 누구나 힘들어요. 맞으면 아픈 게 너무 당연해요. 언니처럼 살 수 있는 사람이 세상에 얼마나 있겠어요. 언니가 혼자 애들 보면서 얼마나 열심히 살았는데 당연히 힘들죠."

친구의 관점은 신기하고 새로웠다. 그러면서도 남편 말을 들으면 가슴이 답답했던 이유가 설명되는 듯해서 목이 메었다. 나는 힘이 들면 들수록 내가 이해심 없고 불만 많은 사람이 되어 슬프다고 말했다. 열심히 산다고 살았는데 몹쓸 사람이 되니까 사는 보람이 없어진다고. 이어진 친구의 말에 나는 눈물이 났다.

"자기가 힘들게 해놓고 언니한테 뭐라고 하면 안 돼요."

내가 힘든 게 당연하다고, 버티기 힘들어도 괜찮다는 말을 듣자 마음을 누르던 돌덩이가 사라지고 눈물샘이 터졌다. 이제는 힘든 나를 보듬어 주자고 마음먹었다. 그러나 학생이라는 이유로 오랫동안 여러 책임을 미루고 살았던 그는 원하던 성과를 얻지 못하자 또 나를 탓했고, 중요한 결정도 나에게 떠넘겼다.

변하지 않는 그의 태도가 나를 생각보다 많이 해쳐왔다는 사실을 그때 깨달았다. 나빠진 상황을 바꾸려면 큰 결단이 필요했다. 답이 무엇인지 알면서도 오랫동안 주저한 끝에 결국 변호사를 소개

받았다. 아이들이 있어서 이혼 결정을 더 망설일 수밖에 없는 사정을 들은 변호사님은 나더러 아무 잘못이 없다고 했다. 고생 많으셨다고, 죄책감을 갖지 마시라고 했다. 어쩌면 내가 가장 듣고 싶었던 그 말에 나는 결국 이혼할 용기를 내고 말았다.

법원에서 이혼 판결문을 받은 다음 날, 힘든 게 당연하다 말해 준 친구를 만났다. 이혼했다는 죄책감에 여전히 발목 잡혀 있던 그날 친구는 아주 멋진 말을 해 줬다. 그동안 남편을 이해하고 주변 사람들을 이해했듯 이제는 이혼이 필요했던 나 자신을 이해하라는 말이었다.

'어려운 결정 내리느라 정말 고생 많았어. 너무 많이 힘들어서 더 버틸 수 없었던 거야. 힘든 건 잘못이 아니야. 스스로를 해치면서까지 버틴 게 정말 안타깝지만, 이제는 안 그래도 돼.'

나의 자유와 해방은 그 깨달음과 포용 속에 있었다. 힘든 건 잘못이 아니라는 사실을 깨닫기까지 하늘과 땅이 수차례 무너져 내렸다. 그래도 그런 시간이 있었기에 나는 나를 이해하는 법을 배울 수 있었다. 이혼한 나 자신과 화해하게 되었다. 홀가분해졌다.

하지만 나의 자유는 아직 반쪽짜리이다. 나는 나를 예뻐하셨던 권사님의 안부 연락 앞에서 뒷걸음치고, 동생 결혼식에 온 친척들과 부모님의 지인들 앞에서 마음을 졸인다. 우연히 남편의 전 직장 동료를 발견하고 몸을 숨기는 내 모습은 초라하다. 나의 자유는 때때로 바람 앞의 촛불처럼 위태롭다.

그럴수록 나는 자유를 지키기 위해 마음을 다잡는다. 이혼하고 남편은 얼마나 힘들까, 아이들은 또 얼마나 힘들까 하는 생각에 괴로울 때면 나는 밖으로 나간다. 음악을 틀고 걷고 뛰고 땀을 흘린다. 남들을 위해 존재하던 공감 회로를 나를 위해 가동한다. 내 자유가 죄책감에 흔들리는 순간마다 주저앉지 않고 나를 이해하며 나와 화해한다.

열여덟 살 이모님

이모님을 처음 만난 것은 친구들과 뷔페에 갔을 때였다. 주말 저녁이었는데 고기를 다 먹고 호출 버튼을 누르자 직원이 왔고, 나는 아무 생각 없이 "이모님, 저희 샤브샤브 냄비로 바꿔주실 수 있을까요?"하고 말했다. 친구가 이모님은 무슨 이모님이냐고 네가 이모겠다며 핀잔을 주기 전까지는 실수한 줄도 몰랐다. 냄비를 가

저온 직원을 다시 보니 그제야 아주 앳된 얼굴이 눈에 들어왔다.

"어머 친구, 죄송해요, 제가 아까 잘 못 봐서 아무 생각 없이 이모님이라고 불렀네. 이모는 제가 한참 이몬데 아줌마가 실수를 했네요. 미안해요!"

얼굴을 구겨가며 사과를 반복하니 이모님은 새어나오는 웃음을 참으며 거듭 괜찮다고 했다. 나는 이모님이 우리 테이블을 지나갈 때마다 미안하다고 주접을 떨었다. 겨울이 끝나가던 날이었다.

여름을 앞둔 어느 날, 첫째의 생일을 맞아 다시 그 뷔페에 갔다. 식당에서 아이들이 아빠를 만나 재회의 포옹을 나누는 동안 나는 테이블로 먼저 안내를 받았고, 이내 직원이 주문을 받으러 왔다. 그런데 어째서인지 서로 얼굴을 계속 쳐다보다가 누가 먼저랄 것도 없이 눈이 커졌다.

"어어? 친구 그때 그 이모님!"

어린 이모님도 나를 알아보고 웃으며 인사했다. 잠시 후 아이들이 오랜만에 만난 아빠와 음식을 가지러 떠나고 나 혼자 있는데 얼굴에 잡티 하나 없는 이모님이 쭈뼛대며 다가오더니 이렇게 말했다.

"저 오늘이 마지막이에요."

나는 일부러 찾아와 소식을 알린 이모님의 마음을 헤아리고 싶었다. 주말에만 알바를 했어도 몇 달은 고생했을 이모님의 마지막 근무일에 마침 다시 만났으니 "오오, 축하를 해야 하나요?"하고 물었다. 체구가 작은 이모님은 가만히 손 모으고 서서 고개만 끄덕였다.

 어쩐지 마음이 찡해져 채소도 가지러 갈 겸 일어나 이모님과 이동하며 얘기를 나눴다. "축하해요! 우리 친구 고생 많았겠어요. 나는 어렸을 때 이런 거 할 생각도 못하고 살았는데. 나도 출근 그만하고 싶지만, 우리 조금만 더 파이팅합시다! 아, 근데 친구 나이가 어떻게 되죠?"

 이모님은 열여덟 살이라고 했다. 농담이 아니라, 출근이 너무 하기 싫어서 무단결근을 할까, 때려치울까 하며 괴로운 주말을 보내는 중이었다. 이모님이 열여덟 살이라는 말에 나도 마음을 고쳐먹으며 음식을 가지고 돌아오다가 우리 테이블 쪽에서 나오는 이모님과 마주쳤다.

 "아, 제가 뭐라도 드리고 싶은데 드릴 게 없어서……"
 이모님의 손끝을 따라가니 내 자리에 빈츠가 두 개 놓여 있었다, 가까이서 보니 봉지에 온통 물기 가득한 빈츠였다. 얼른 이모님을 뒤따라가 귓가에 작게 속삭였다.

"제가 사실 싱글맘이에요. 저번에는 친구들이랑 왔고, 오늘은 애기 생일이라서 애기들이랑 전남편과 같이 왔고. 사는 게 참 고단하지만 우리 힘내요!"

하나도 안 웃긴 얘기를 웃으며 하는데 이모님의 눈이 실시간으로 빨개지는 게 보여 나도 눈물이 났다. 그리고는 아이들이 놀이방에 잘 있는지 확인하고 테이블로 돌아왔는데 아니, 이번에는 뽀로로 음료수 두 병과 급하게 쓴 듯한 쪽지가 있었다.

"언니, 애기들 생일 선물이에요. 제가 살게요. 이렇게 만난 게 우연이 아니라 필연일 수 있으니 딸 되어 드릴게요."

쪽지에는 휴대전화 번호도 있었다. 나는 이모님이 시급의 절반을 털어 사 준 소중한 음료수를 아이들에게 건네며 귀한 거니까 감사히 먹으라고 말했다. 그리고 그날 밤 문자를 보냈다.

안녕, 예쁜 친구.
내가 본 것 중 가장 예쁜 열여덟 살 이모님께 곧 마흔 되는 애들 엄마가 분에 넘치는 선물을 받았네요. 고마워요. 직장 일도 맘 같지 않고, 때려치우자니 애들이랑 먹고 살아야 하고, 유난히 막막하고 힘든 주말을 보냈는데 친구 덕분에 조금은 마음의 짐을 덜고 다시 출근할 힘이 생기네요.

  일하는 도중에 가져다주기 쉽지 않았을 텐데 여러모로 장점이 많은 친구인 듯해서 내 딸도 우리 친구처럼 잘 자라면 좋겠다는 생각이 들었어요. 이래저래 고생 많았을 텐데 해방을 축하해요. 모쪼록 맘 편히, 몸도 편히 잘 쉬고 회복하는 좋은 밤 되기를 빌어요. 오늘 정말 고마웠어요.

  자정 무렵 이모님에게서 답장이 왔다.

  언니, 알바 끝나고 집 와서 공부하다 보니 시간이 벌써 늦었네요. 사실은 언니에게 해 주고 싶은 말이 많아 번호를 줬어요. 저희 부모님도 이혼하셔서 엄마랑 둘이 살고 있어요. 언니 마음을 전부는 못 헤아리겠지만 어느 정도는 헤아릴 수 있을 것 같아요. 많이 힘드시고 걱정도 많겠지만 언니가 이렇게 곱고 따뜻한 분이셔서 잘 이겨낼 수 있을 것 같아요.

  세상은 아직 많이 따뜻한가 봐요. 덕분에 귀한 언니랑 이런 얘기도 해 보고ㅎㅎ 덕분에 저도 잘 이겨내고 버틸 수 있을 것 같아요. 우리

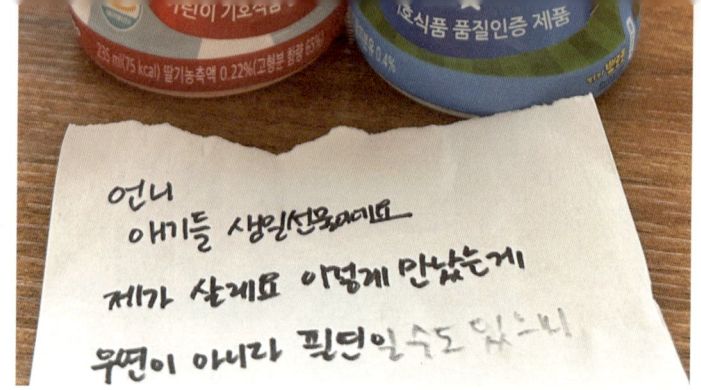

같이 이겨내요! 오늘 하루가 정말 인상 깊었어요. 아주 많이 감사합니다. 언니도 오늘 하루가 인상 깊었으면 좋겠어요. 저는 이 기억으로 살아가 볼게요. 제 삶에 큰 영향 끼쳐주셔서 감사해요. 덕분에 오늘은 푹 잘 수 있을 거 같아요. 좋은 밤 되세요.

-18살 이모 올림-

열여덟 살 이모님은 또 한 번 나를 울렸다. 세월을 잃은 허무함에 유독 괴로웠던 주말, 어린 이모님의 문자가 다 큰 나를 격려하고 위로했다. 라디오에 이모님과의 사연을 보내고 받은 선물도 줘야 하고 맛있는 것도 먹기로 했는데 아줌마가 아직도 약속을 못 지키고 있다. 연체료는 우리 이야기가 실린 이 책으로 대신해야겠다.

나에게

안녕, 십 년 뒤의 나 자신?

뭐 먹고 살고 있으려나 모르겠네. 잘 지내지? 버티는 삶 그 너머에 이르러 하루하루를 잘 누리고 있을 거라 믿어. 계속 연습했잖아.

이혼을 결심한 지 고작 2년이 지났는데 그동안 참 많은 일이 있었어. 이혼하자고 편지를 썼고, 싫다는 답장을 받았지. 시댁과 친정에다 아이들을 맡긴 채 이혼 얘기를 나눴고 법원도 다녀왔지. 펑펑 운 것이 어디 우리 네 식구뿐이었을까. 친구들도 가족들도 같이 울었어. 아이들 키우면서, 학교에 보내면서 사건이 생길 때마다 괜히 더 지치고 서러운 순간도 참 많았네. 내 몸 하나 건사할 기운도 없는데 아이들을 돌보며 지내는 건 생각보다 더 힘들었지.

하지만 돌아보니 그렇게 나쁜 일은 아니었다는 생각이 들어. 덕분에 지금 나는 스트

레스 관리 능력이 제법 수준급이고, 내 마음의 목소리에 좋은 엄마처럼 귀 기울일 줄 알게 되었어. 십 년 전에는 이만큼이나 상상하지 못한 모습이야. 나를 살리느라 스스로를 보살피며 시간을 보낸 덕분이겠지. 울지 않고 살 수 있는 날이 정말로 오더라고. 내가 이렇게 좋아졌으니 아이들 역시 좋아질 수 있겠다는 믿음도 생겼어. 여전히 많이 미안하지만 불행이 번져가지 않도록, 좋은 기억이 나쁜 기억을 다 포맷하도록 딴에는 노력 중이야.

그러니 지금의 나보다 더 좋은 모습으로 살아가고 있을 십 년 후의 네가 기대돼. 이혼했다는 사실은 여전히 비밀인지, 글을 썼다는 사실이 누군가를 해칠까 봐 미안하고 걱정되는 마음은 여전한지 궁금하기도 해. 도비야, 나는 네 마음이 더 괜찮아지면 좋겠어. 더 편하게 쓰고 이야기하며 살 수 있으면 좋겠어. 누군가의 딸이라는 사실과 누군가의 아내였다는 사실이 너로 살아가는 데에 더는 걸림돌이 아니면 좋겠어. 아이들의 엄마라는 사실도 버거운 짐이 아니면 좋겠고 말이야.

십 년 뒤의 네가 그렇게 살 수 있도록 내가 지금 여기에서 착실히 살아갈게. 반백 살이 된 네가 지금보다 더 자유롭고 행복할 수 있도록 내가 너를 위해 살아갈게. 살아가는 모든 순간에 놓인 여러 행복 사이로 잘 걸어갈게. 그러면 너는 때때로 허물어지던 마음을 다잡으며 더 단단해진 나를 칭찬해 주라. 씩씩하게 걸어간 날들 뒤에 남았을 발자국 같고 눈물자국 같은 나의 기록을 들여다봐 줘. 네가 어떤 장면을 남겼을지 얼른 읽어 보고 싶다. 많이 자란 아이들과 같이 읽으면 더 뜻깊을 거야.

그러고 보니 아이들과 행복하게 살고 싶은 바람을 좀 이뤘을까? 육아 유튜버들 영상 보면서 맨날 망했다고 되뇌더니 잘 수습했나 모르겠구나. 결혼은 무를 수가 있었는데 애들은 무를 수가 없어서, 아무리 화가 나도 육아를 그만둘 수는 없어서 좌절했었잖아. 이것저것 결심하고 시도하며 보낸 시간이 무용하지 않았기를 바랄게. 아이들과 엄마 그때 좀 심했다고 웃으며 돌아볼 수 있는 시간으로 기억되길. 이따 봐요 뽀뽀와 굿나잇 뽀뽀도 한동안은 지속되었기를 말야.

너는 그런 아이들과 살고 있을 거야. 벌써 대학생이 되었을 우리 공주는 아빠 닮아 흰 피부가 여전히 고울 테고, 솔직하고 끈기 있을 거야. 한창 수험생일 왕자는 원할 때면 자기 발로 아빠를 만나러 다닐 만큼 많이 컸을 거야. 어딜 가나 환영받고 두루두루 잘 어울릴 거야. 그러니 나는 너무 걱정하지 않고 오늘을 잘 살아갈게. 아침이면 아이들과 평안한 새 하루를 맞이하고, 밤이 오면 그날의 크고 작은 행복을 담으며 하루를 마무리할 거야. 그렇게 하루하루 너에게 달려가 갈 테니 너는 선크림을 잘 바르며 기다려주라.

그리고 고마워! 사는 게 별거 아닌 것처럼 늘어놨지만 말도 못 하게 힘든 시간이 아직 많이 남았잖아. 먹고사니즘 이슈도 보통 일이 아닐 텐데 똥줄 타는 와중에도 잘 살아줘서 정말 고마워. 고된 시간을 잘 지나왔을 너가 나는 아주 자랑스러워. 정말 마음껏 칭찬해 주고 싶어. 수고 많았어! 남은 시간도 뜻깊게 잘 보내자!

요즘은
어때요

 아빠 집에 다녀온 여덟 살 둘째가 이번에도 어김없이 눈물을 뚝뚝 흘렸다. 아빠랑 같이 있고 싶고 아빠랑 더 놀고 싶어서 입맛이 없다며 아이는 밥도 먹지 않고 한참을 울었다. 그럴 때면 어김없이 "애들 아빠가 바람을 폈냐, 도박을 했냐, 이혼하면 애들이 따돌림을 당한다는데 너는 조금만 더 참지, 왜 그걸 못 참냐"며 어머님이 나를 나무라시던 때가 떠오른다. 나는 더 참아야 했던 걸까, 내가 더 참고 이혼하지 않았더라면 아이들은 덜 힘들었을까.

 사는 것이 힘들어 이혼했는데 삶이 여전히 힘들어서 씁쓸할 때가 있다. 가사와 육아를 혼자 하다 짜증이 치밀어 오를 때, 아이들이 말을 듣지 않을 때, 책임감이 어깨를 누를 때. 아이들의 일상에서 아빠를 지우면서까지 이혼했으니 반드시 행복해야만 할 것 같은 묘한 의무감을 느낄 때면 괜히 빚쟁이가 된 것 같기도 하다. 그렇지만 대단한 행복이 매일 이어지기란 사실 누구에게나 어렵다.

사는 건 언제나 어느 정도 힘들기 마련이고, 이혼 전에도, 결혼 전에도 그건 마찬가지였다.

이혼이라는 동전을 넣었다고 해서 자판기에서 음료 뽑듯 행복을 손에 쥘 수 없다. 그래도 내 삶이 엉망이 된 이유를 남에게서 찾는 고약한 습관은 없어졌다. 공부에 여념이 없어 남편으로서, 아빠로서 책임을 미룬 건 그 사람이었지만 그런 삶을 참고 살아온 것은 다른 누구도 아닌 나 자신. 언제까지고 스스로를 피해자로 생각하며 자기연민에 빠져 지낼 수는 없었다. 나는 남 탓을 끊어내야 했고, 불행했던 지난날로부터 벗어나 더 나은 내일을 위해 앞으로 나아가야 했다.

애 둘 딸린 이혼녀가 되었지만 뭐 어떤가. 나는 이혼 전보다 더 나은 내가 되었고, 지금 내 모습이 퍽 마음에 든다. 그의 학업과 진로에 떠밀려 살던 내가 이제는 누군가의 아내가 아닌 나 자신으로 살아간다. 전에는 미처 몰랐던 자유와 행복을 느낀다. 내 결정 때문에 아이들에게 미안할 때도 있지만 마냥 슬픔에 잠기는 일은 더 이상 없다. 사는 것이 괴로워 살기 싫었던 나는 어느새 한껏 살아 보고 싶어졌다.

여덟 번째 이야기

엄마로서 나는 아이를 키우면서 막막하고 어려운 순간들을 많이 겪었다. 하지만 내 힘만으로 해결할 수 없는 일들도 다양한 제도와 지원을 통해 아이들을 키울 수 있었기에, 그 과정 속에서 감사함을 느낀다.

자기
소개

김 체 리

  어릴 때는 천진난만, 10대엔 궁금증 폭발, 20대엔 꿈 많은 아가씨. 30대엔 두 천사를 만나 희노애락을 겪었습니다. 40대인 지금은 사춘기와 갱년기가 만나 치열한 하루하루를 보내고 있는 김체리입니다.

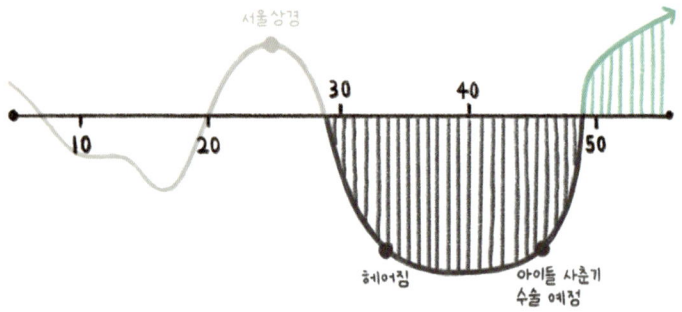

　나의 학창 시절은 너무나도 하찮다. 초등학교 2학년 무렵, 부모님의 사정으로 예고 없이 전학을 갔다. 그때는 어린 나이라 큰 변화를 제대로 인식하지 못했지만, 돌이켜보면 따돌림을 받은 것 같다. 낯선 사투리를 쓰고 왜소한 내가 아이들의 사냥감이 되었다. 그래도 다행히 성격은 강해서 그들과 맞서며 학교 생활을 버텼다. 그러나 한 번의 전학으로 끝나지 않았고, 부모님은 어떠한 상의도 없이 중학교 3학년이 되던 해에 또다시 나를 전학시켰다.

그 시기의 전학은 내 인생에서 가장 큰 상처로 남아 있다. 만약 그때 전학을 가지 않았다면, 고등학교와 대학교 진학, 그리고 지금의 내 삶이 달라졌을 것이라는 생각이 끊임없이 들었다. 이후 나는 고등학교 이야기를 사람들에게 잘 하지 않는다. 그때의 상처는 지금도 내 안에 자리하고 있다. 대학교는 계획대로 되지 않아서 2년제 대학을 간신히 입학했고, 졸업 후 서울에서 직장 생활을 하며 20대를 보냈다.

결혼에 대한 큰 계획은 없었지만, 그때 만난 사람과 결혼을 결심하게 되었다. 그러나 그 사람의 거짓말로 결혼은 파혼으로 끝났고, 한동안 힘든 시간을 보냈다. 마음을 추스르고 다시 일어서던 중 전 남편을 만났고, 처음에는 누나 동생처럼 지내다가 점차 가까워졌다. 그러다 아이가 생겼고, 우리는 함께 인생을 살아가기로 했다. 그러나 불행은 그때부터 시작되었다. 그의 가족은 나를 받아들이지 않았고, 특히 시어머니의 반대가 심했다. 막내아들이었던 남편은 부모님의 기대가 컸고, 아들보다 나이가 많은 나는 그들의 눈에 맞지 않는 며느리였다. 시누이는 나에게 아이를 포기하라고 말했고, 그의 가족들은 내가 이 가정을 불안하게 만든다며 비난을 쏟아냈다.

결국 우리는 결혼했지만 그 후에도 시댁과의 갈등은 계속되었다. 화장을 어떻게 해야 할지, 옷은 어떻게 입어야 할지, 심지어 키가 작다는 이유로 만삭이 될 때까지도 굽 높은 구두를 신어야 했다. 첫째를 낳고 나서 결혼식을 올렸지만, 그마저도 마음을 더 무겁게 했다. 결혼식을 앞두고 외할머니께서 돌아가셨다는 이유로 시댁에서는 엄마를 결혼식에 오지 못하게 했다. 결혼식장에서 엄마의 빈자리를 볼 때마다, 서러움이 밀려왔다.

둘째를 임신했을 때, 아무도 말하지 않았지만 모두가 아들이길 바라는 눈치였다. 태몽마저도 아들이었지만, 둘째도 딸이었다. 그 실망스러워하는 눈빛은 나에게 또 다른 부담으로 다가왔다. 이후 시어머니 생신 때, 요리에 자신이 없었지만 정성스럽게 월남쌈을 준비했다. 아이들 후식까지 정성껏 차리며 최선을 다했다. 식사 도중 시어머니는 집안에 있는 교회 물건들을 보고는 "교회 다니냐"고 물으셨다. 내가 "힘들어서 다니고 있다"고 대답하자 "교회 물건들을 당장 치우라"며 말대꾸한다며 자리를 박차고 나가셨다.

다음날 시어머니는 큰 시누의 차를 타고 갑작스럽게 찾아왔다. 동네 지인들과 시간을 보내고 있는 나에게 "남편은 돈 버는데 너는 집에서 술이나 마시고 있다"며, "이혼시키겠다", "아이들은 고아원에 보내겠다"는 말에 나는 울분을 토하면서 내 앞에 있던 그릇을 깨버렸다. 그날 밤, 내 옆에는 아무도 없었다. 남편을 포함해 시댁 식구들

모두 안방에 있었고, 나만 홀로 거실에 앉아있었다. 시간이 흐른 뒤, 아이들은 두고 나보고 집을 나가라고 하는게 아닌가. 정말 막막하고 깜깜했다. 지갑과 전화기만 챙겨 쫓겨나듯이 집을 나왔다. 집 밖은 어두컴컴한 밤이었고, 추적추적 내리는 비가 꼭 내 마음 같았다.

 그 이후, 나는 고향으로 돌아가 직장과 집을 구해 아이들과 함께 할 기반을 다지기 시작했다. 하루에 두 가지 일을 하며 6개월 동안 열심히 살았고, 법적으로도 이혼이 마무리되어 아이들을 데려올 수 있게 되었다. 힘든 시간을 견뎌내며 결국 아이들을 내가 키울 수 있는 상황을 만들었고, 법적으로도 아이들의 양육권을 확보했다. 그렇게 나는 다시 아이들과 함께하는 삶을 시작할 수 있었다.

체리의
이야기

따스한 말 한마디라도

 이혼은 내가 원했던 선택이 아니었다. 하지만 상황은 그 길로 내몰았고, 결국 선택할 수밖에 없었다. 그때, 부모님의 반응은 서로 달랐다. 아빠는 이렇게 말하셨다.
 "어차피 우리 핏줄도 아니잖아. 너 아직 젊으니까 그냥 내버려두고, 네가 하고 싶었던 공부나 다시 시작해라. 늦지 않았어."

 이토록 냉정한 조언은 나를 혼란스럽게 만들었지만 아빠 입장에서는 딸의 미래를 생각한 조언이었을지도 모른다. 그가 바라본 딸은 젊고, 앞으로 다시 시작할 기회가 충분한 나이에 있었다. 아빠는 딸이 새로운 길을 선택하는 것이 더 나은 인생이라고 믿었을 것이다.

 반면, 엄마는 모성애를 강조하며 말하셨다.
 "아이는 엄마가 키워야지. 데려와. 내가 도와줄게. 할 수 있을 거야."

나와 가장 가까운 부모의 상반된 반응 속에서 깊은 고민에 빠졌다. 결정을 내리기 힘들어서 답답한 마음에 점을 보기도 하고, 할 수 있는 걸 이것저것 해봤다. 그래, 내가 낳았으니까, 내가 아이를 키워야 한다는 책임감이 생겼고, '뒤에 든든한 엄마가 있으니 괜찮을 거야'라는 생각도 큰 힘이 되었다. 그렇게 아이를 데려왔지만, 현실은 내가 생각했던 것과 너무도 달랐다.

혼자서 직장 다니고 아이를 돌보는 것은 내가 상상한 것보다 훨씬 버거운 일이었다. 결국 엄마에게 도움을 요청했다. "엄마, 좀 도와줄 수 있어?"라는 내 말에 엄마는 단호하게 말씀하셨다.
"니 새끼는 니가 키워야지 누구한테 기대니?"

그 말이 참 차갑고 야속했다. 마치 내 가슴을 찌르는 듯했다. 내가 갈팡질팡하던 때는 그렇게 따뜻하고 달콤하게 얘기해주셨는데, 막상 현실에 부딪히니 도움은커녕 차가운 말 한마디뿐이었다. 주변을 보면 부모의 도움을 받는 사람들이 종종 눈에 띄었다. 그들을 보며 나는 왜 그런 복이 없을까? 하는 생각이 들다가도 어차피 내가 선택한 길이고, 내가 나아갈 길이니 기대지 말아야지 생각하며 스스로 마음을 다독였다. 마음을 모질게 다잡는 순간에도 사실 난 엄마와 아빠의 따스한 위로와 지지를 간절하게 기다리고 있었다.

지금은 혼자 산 지 십 년이 넘었다. 지나고 보니 그때 엄마의 말씀이 나를 더 강하게 살게하려는 뜻이었다는 것을 안다. 그럼에도 마음 한구석에서는 여전히 그 순간에 따뜻한 말 한마디가 있었더라면 어땠을까 하는 아쉬움이 남는다. 이 세상에 내 편 하나 없이 덩그러니 남겨져 있던 나에게 필요한 건 나를 강하게 만드는 매몰찬 말 한마디가 아니라 따스한 응원의 말이었다. 지금도 그때를 떠올리면 눈가가 촉촉해지는 걸 보면, 아직도 그 상처는 나를 찌르고 있나보다.

내 삶의 감사한 인연들

어린 두 아이와 함께하는 삶은 그 자체로 기쁨이었다. 그동안 아이들이 보고 싶어 하루하루 눈물로 지내왔는데, 이제 함께 할 수 있다는 행복이 가슴에 차오르면서도 두려움이 밀려왔다. 나 혼자 오롯이 아이들의 부모가 되어야 하는데, 과연 내가 잘할 수 있을까? 다행히도 두 아이 모두 어린이집에 다닐 수 있었고, 당시 렌트카 회사에 다녔기 때문에 차도 자유롭게 이용할 수 있었다. 직장 생활을 하며, 아침엔 누구보다 빨리 아이들을 어린이집에 보내고, 저녁에 데려와 저녁을 먹이는 일상이 이어졌다. 몸은 지쳤지만, 마음만은 행복했다.

그 동안의 일들 때문일까, 아이들에게 심리적으로 불안해 하는 모습이 보였다. 나는 주민센터에서 상담 프로그램을 알아보고 아이들을 음악 치료에 참여시켰다. 둘째는 피부와 귀에 문제가 있었고, 다리도 살짝 휘어 병원 투어를 다녀야 했다. 둘째는 신발을 너무 갖고 싶었던지 다섯 켤레나 머리맡에 두고, 한 켤레는 꼭 안고 잠들었다. 그런 모습을 보며 속상했지만 이제 내가 벌어서 해줄 수 있다는 생각에 위안이 되었다.

그러던 중 큰 교통사고를 당해 한 달간 병원에 입원했다. 하지만 아이들을 돌봐줄 사람이 없어 완전히 회복하지 않은 상태로 퇴원해야 했다. 그때 친구의 조언으로 서울의 한 시설을 알게 되었고, 그곳에서 아이들과 함께 새로운 시작을 했다. 약 일곱 평 크기의 원룸에서 생활했지만, 아이들은 어린이집에 다닐 수 있었고 나도 직장을 구했다. 생활비도 아낄 수 있었고, 아이들과 함께하는 프로그램과 심리치료를 받으며 그곳에서 다양한 도움을 받았다.

그 시설에서의 시간은 내 삶을 다시 세워준 소중한 경험이었다. 다양한 프로그램을 통해 악기도 배우고, 필요한 지원을 받으며 안정적인 생활을 유지할 수 있었다. 만약 그 시설에 들어가지 않았다면 지금처럼 자립하지 못했을 것이다. 1년 동안 생활하면서 직장도 구하고, 행사도 풍족하게 누리며 부족함 없이 지냈다. 그러다 자립 시기가 다가왔고, 자립 정착금으로 500만 원이라는 큰 돈을 지원받아 비교적 수월하게 독립할 수 있었다.

처음엔 막막하고 부끄러웠지만 "엄마는 강하다"는 말처럼 나 자신을 믿고 노력했다. 인터넷으로 한부모 정보를 찾아보거나 주민센터에 찾아가 필요한 혜택을 물어보는 등, 다양한 방법으로 길을 찾았다. 나와 같은 상황의 사람들과 대화하며 정보를 나누고, 아이들의 성장에 대해 이야기를 나누는 것이 큰 힘이 되었다. 혼자가 아니라는 사실에 마음이 한결 가벼워졌고, 지속적으로 배우고 알아가며 아이들을 키우는 데 필요한 도움을 찾을 수 있었다.

아이들이 어렸을 때는 아이들이 잠든 후에야 겨우 집안일을 마치고 지쳐 잠들었지만, 이제는 아이들이 커서 스스로 잠들고, 각자의 방도 생겨서 나는 밤 10시 이후가 되면 혼자만의 시간을 즐길 수 있게 되었다. TV를 보며 맥주 한 잔의 여유를 누리는 순간들이 내게도 찾아왔다. 시간이 지나면서 모든 것이 해결된다는 말이 실감나는 요즘이다.

물론 아이들과의 갈등은 여전하다. 사소한 일에도 부딪히고, 설득하려다 보면 내가 아이처럼 유치해지는 순간을 느낀다. 그럴 때마다 엄마로서의 무게가 참 크다는 생각이 든다. 하지만 다행히도 나만의 쉴 공간이 있다는 게 얼마나 감사한지 모른다. 아이들에겐 하지 말라고 하던 휴대폰도 나에겐 필수품이 되어버려, 잠시나마 인스타그램이나 유튜브를 보면서 해방감을 느낀다.

아이가 온전히 꿈 꿀 수 있기를

도전을 좋아하는 아이들은 시설에서 여러 가지 소중한 경험을 할 수 있었다. 스케이트를 배우고, 워터파크에 갔다가 수영에도 관심을 가지게 되었다. 이 과정에서 스포츠 바우처라는 제도를 알게 되었고, 이를 통해 아이는 6년 동안 꾸준히 수영을 배우며 수영 대회에서 메달을 따기도 했다. 그 성취는 아이의 자존감을 높여 주었고, 더 나아가 스쿠버다이빙과 수상스키 같은 종목에도 도전할 수 있는 용기를 심어주었다. 열정 있는 아이는 자격증 취득까지 할 수 있었다.

스포츠를 배워가는 과정을 통해 아이는 목표를 향해 꾸준히 노력하고, 때로는 실패와 좌절을 겪으며, 그 속에서 작은 성취감을 경험할 수 있었다. 이런 아이의 모습을 보며 나도 부모로서 함께 기쁨을 느꼈다. 큰 아이가 스케이트를 시작할 때도 마찬가지였다. 여러 기관과 시설에서 제공하는 프로그램 덕분에 어렵지 않게 스케이트를 접할 수 있었고, 그 기회를 통해 아이는 자신의 능력을 키울 수 있었다. 배드민턴도 방과 후 수강권 덕분에 배울 수 있었는데, 그 과정에서 실력이 빠르게 늘어가는 아이를 지켜보는 순간들은 그 자체로 보람찼다.

물론, 아이들에게 무언가를 제공할 때 나의 재정만으로는 어려운 부분이 많았다. 하지만 조금만 발 빠르게 정보를 찾아보면 다양한 기관이나 단체에서 지원하는 프로그램들이 있었다. 서울시에서 제공하는 체험 활동들, 스포츠 바우처, 문화 누리 카드 등으로 아이들은 값진 경험을 쌓을 수 있었다. 이런 다양한 경험들이 전공으로 이어지지 않더라도 아이가 한 번의 체험을 통해 흥미를 느끼고 만족하는 것만으로도 충분히 의미 있다고 생각한다. 경험 자체가 중요한 것이고, 그 순간의 즐거움이 아이의 삶에 작은 기쁨이 되어줄 수 있기 때문이다.

클라이밍을 배우게 할 기회도 그런 과정에서 찾아왔다. 아이가 "이거 해보고 싶어"라고 말할 때, 그 소망을 이룰 수 있도록 도울 수 있다는 건 나에게 정말 소중한 일이었다. 내가 모든 것을 다 해줄 수는 없지만, 이런 지원들 덕분에 아이는 점점 더 많은 것을 경험하고 스스로의 가능성을 발견할 수 있었다.

 엄마로서 나는 아이를 키우면서 막막하고 어려운 순간들을 많이 겪었다. 하지만 내 힘만으로 해결할 수 없는 일들도 다양한 제도와 지원을 통해 아이들을 키울 수 있었기에, 그 과정 속에서 감사함을 느낀다. 아이들이 성장하는 모습을 보며 내가 부족한 부분은 제도의 도움으로 채워졌고, 그 덕분에 아이들이 더 많은 기회를 경험할 수 있었다는 생각에 안도와 뿌듯함을 느끼게 된다.

나에게

체리야, 너무 완벽하려고 애쓰지 않았으면 좋겠어. 두 아이도 이제 많이 컸잖아. 아이들이 스스로 할 수 있는 일이 많으니, 조금 더 믿어주고 기다려보는 건 어떨까? 항상 아기처럼 일거수일투족 챙겨야 할 것 같아 전전긍긍하지만 내가 생각하는 것보다 아이들은 훨씬 더 잘하고 있어.

이제는 내가 뒤에서 지켜보면서 아이들이 필요할 때 힘을 실어주는 그런 엄마가 되었으면 좋겠어. 아이들만 챙기느라 너 자신을 돌보지 못해 몸도 마음도 지친 걸 보면 정말 안쓰러워. 이제는 내가 살고 싶었던 삶, 하고 싶었던 것들, 너 자신을 위한 시간을 조금씩 가져보는 게 어때? 실패해도 괜찮아. 넘어져도 괜찮아. 내가 무언가를 배우고, 바쁘고, 활기차게 생활하면 아이들도 그 모습을 보고 '나도 엄마처럼 해봐야지'라고 생각할 거야. 그러다 보면 서로가 고립된 생활에서 벗어나 함께 성장할 수 있을 거야.

"내 생각만 옳아"하며 독불장군처럼 행동했던 내 지난 시간들이 혹시 너와 아이들 사이에 벽을 만든건 아닐까? 사람들과 대화하는 너의 모습을 보면서 많은 걸 느꼈어. 하루아침에 너의 생각과 행동이 바뀌기는 어렵겠지만 조금씩 꾸준히 노력하면 더 나은 내가 될거라 믿어. 좀 천천히 이제는 좀 더 너를 위해 살아가길 바라. 남들보다 먼저 자신을 돌보고, 나와 내 아이들에게 상처 주는 사람들에게는 할 말을 할 수 있는 내가 되길 응원해.

좀 천천히 너를 위해 살아가는 날들이 앞으로 점점 더 많아졌으면 좋겠어. 너보다 남들을 먼저 생각해서 잘해주다 상처받지 않기를, 남을 너무 믿지 말고 너에게 집중하길, 너와 아이에게 상처되는 말과 행동을 하는 이들에게 할말은 할 수 있는 내가 되기를... 지금처럼 곧고 자기 신념을 지키며 살아갔으면 좋겠어. 혹여 모르는 이들에게 비난을 받더라도 지금처럼 너와 아이들을 잘 지키며 살아갈 수 있기를 옆에서 지켜볼게.

사람은 쉽게 변하지 않지만, 무조건 바꾸려 하지 말고 때로는 포기하는 것도 필요해. 내가 모든 걸 들어주고 이해하려 하지 말고, 할 수 있는 만큼만, 그리고 니 자신을 먼저 생각하는 사람이 되었으면 좋겠어. 항상 긍정적으로 밝고 명랑하게 살아가는 니 모습 칭찬해.

니 감정을 잘 들여다보며 하루하루를 살아갔으면 좋겠어. 너는 누구보다 잘하고 있고 앞으로도 잘 해낼 거야. 가만히 있기보단 움직이는걸 좋아하던 너잖아. 좋은 사람들 만나서 얘기도 하고 집 근처 산책도 하고 고양이들과 웃고 아이들과 즐겁게 보내.
매일매일 웃음이 가득한 날들이 계속되기를 바라. 그렇게 해줄수 있겠지. 난 너를 믿고
항상 응원할게. 이제 너의 넘치는 에너지를 너 자신을 위해 써봐. 항상 내가 너를
응원하고 있다는 걸 기억해.

　사랑해. 체리야.

요즘은
어때요

요즘 나를 돌아보면, 마치 일곱 빛깔 무지개 같다. 어떤 날은 화가 치밀어 올라 입에서 불을 내뿜는 용이 되고, 또 다른 날은 너무 기분이 좋아 눈과 입이 활짝 웃게 된다. 그러다 보면 하루는 요즘 날씨처럼 좋았다가 나빴다가를 반복하곤 한다.

두 아이를 키우며 살아가다 보면 매일 새로운 감정의 파도에 휩쓸리게 된다. 분명 멀쩡히 학교에 갔던 아이가 아프다고 연락이 오지 않나, 쇼핑을 갔다가 뭘 사줘도 짜증을 부리던 아이가 나중에는 "엄마, 그때 배가 아팠어요"라고 말한다. 서로 짜증을 내며 싸우지만, 시간이 지나면 아이는 내 걱정 때문에 말을 참았다고 한다. 그 말을 들을 때면 마음이 아프면서도 왜 그때 미리 말하지 않았을까 싶어 다시 화가 난다. 서로를 위한다는 마음에서 말을 아끼다 보니 우리 사이에 쌓이는 오해와 감정의 골이 점점 깊어진다.

김체리

그렇게 사소한 일들로 다투고, 서로 입을 닫으며 보내다 보니 집안이 어느새 고요해졌다. 그나마 고양이들 덕분에 아이들과 일상적인 대화를 나눌 수 있어서 다행이다. 고양이와 관련된 소소한 이야기라도 나누면서 아이들과 소통할 수 있는 시간이 생기니 요즘 같은 힘든 시기에 그런 대화마저 없었다면 훨씬 더 버거웠을 것 같다. 얼마나 더 나은 날이 오려고 이렇게 힘든 나날들이 계속되는 걸까? 요즘은 매일이 힘겹고 지친다.

그러던 중 우리 집에 새로운 식구들이 들어왔다. 도마뱀 네 마리였다. 둘째 아이가 키우고 싶다고 해서 도마뱀을 들여왔는데, 날씨가 너무 더워 도마뱀들이 살기에 적합하지 않았다. 처음에는 거실 에어컨을 틀고 선풍기를 돌려 아이 방으로 바람을 넣어 온도를 낮췄지만, 어느 날 고양이가 도마뱀과 사냥을 하다가 사고가 날 뻔했다. 그래서 결국 도마뱀을 내 방으로 옮기게 되었고, 갑작스럽게 나는 방을 빼앗기고 말았다. 안방 문을 열면 셋째 고양이가 들어가니까 문을 닫고, 몇 날 며칠을 거실에서 자다 이제는 둘째 방에서 잠을 자고 있다.

셋째 고양이가 나를 껌딱지처럼 따라다니는 터라, 내 방으로 돌아가고 싶어도 아직은 어렵다. 하지만 날씨가 선선해지면 도마뱀을 다시 둘째 방으로 돌려보내고, 나도 내 방에서 셋째와 편히 지낼 수 있겠지. 빨리 그날이 왔으면 좋겠다.

처음에는 도마뱀이 징그럽고 무서웠지만, 지금은 나를 보며 눈을 마주치고 고개를 돌려 인사하는 모습이 너무 귀엽고 사랑스럽다. 고양이들과 도마뱀, 그리고 아이들까지, 우리 집의 모든 존재들이 건강하게 오래도록 함께했으면 좋겠다.

오늘도 나는 이렇게, 소소한 일상 속에서 갈팡질팡하면서 작은 바람에도 흔들리며 살아가고 있다.

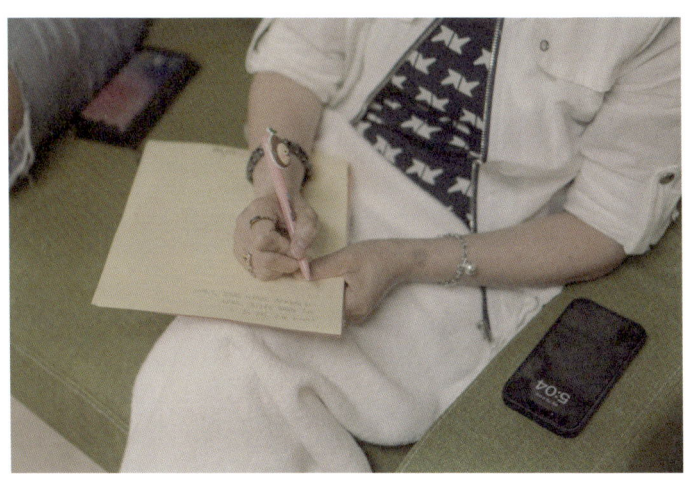

아홉 번째 이야기

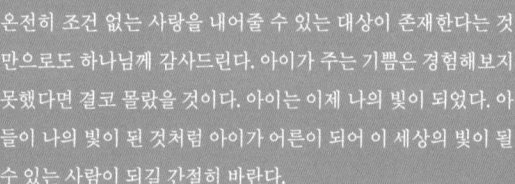

온전히 조건 없는 사랑을 내어줄 수 있는 대상이 존재한다는 것만으로도 하나님께 감사드린다. 아이가 주는 기쁨은 경험해보지 못했다면 결코 몰랐을 것이다. 아이는 이제 나의 빛이 되었다. 아들이 나의 빛이 된 것처럼 아이가 어른이 되어 이 세상의 빛이 될 수 있는 사람이 되길 간절히 바란다.

자기
소개

강 소 영

  혼자 아이를 낳고 지금까지 키우면서 항상 아이가 우선인 인생을 살고 있습니다. 저는 부정적인 말을 많이 하는 것을 싫어하며 내 가정을 가장 소중히 여깁니다. 책임감이 강하고 누구보다 육아에 있어 배움의 자세를 가진 엄마입니다.

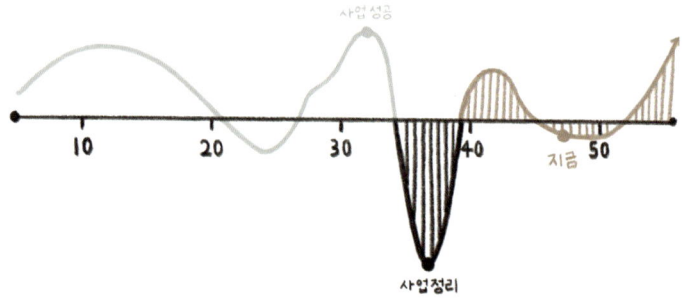

    29살에 첫 남자를 만나 결혼식까지 올리고 함께 살기 시작했다. 나만 봐주는 한 남자를 만났다고 생각했고 나 없으면 살수 없다는 그 말을 진실이라 믿었다. 행복할 거라고 믿었던 내 생각은 모든 게 착각이었고 그의 모든 것은 거짓이었다.

    그와 함께 사는 동안 두 번의 임신과 자연유산으로 나는 엄마가 될 수 없다고 느꼈다. 지옥 같은 시간이었다. 한참이 지난 후 한 남자를 만나 계획하지 않은 임신이 되었고 나는 조심스러운 마음에 아무에게도 말을 할 수 없었다.

오직 '이 아이가 세상에 태어날 수 있을까, 또다시 아이가 잘못되면 어떡하나.' 하는 생각들로 막달이 될 때까지 내내 '아가야 잘 있니' 물으며 혼자 가슴을 졸였다. 하루하루 걱정 속에서 아이는 세상에 태어났다. 무사히 태어나기만 간절히 기도했지 태어난 이후의 육아에 대해서는 생각해보지 않았던 그때. 분유도, 기저귀도 아이를 안는 법도 아무것도 모르는 상태에서 누구의 도움도 없이 아이와의 생활을 시작했다.

앞이 캄캄해 출산 하루 전까지 하던 일과 내가 계획했던 모든 것을 포기했다. 아이의 울부짖는 소리에 나 혼자서는 모두 감당할 수 없을 걸 알았기 때문이다. 일을 포기하고 아이를 선택하며 아이 말고는 모두 내려놓고 오직 육아에만 전념했는데도 참 외롭고 힘이 들었다.

나의 무지 속에서 아이는 예민하고 짜증도 많이 냈다. 밤중 갑자기 토하거나 열이 오르면 혼자 어쩔 줄 몰라 쩔쩔매며 울기도 참 많이 울었다. 매일매일 무너지는 나의 삶 속에서 점차 나의 것을 하나둘 내려놓으며 한 아이의 '엄마'로 변해갔다.

소영의
이야기

'엄마'의 삶을 선택하다

내가 아이를 낳은 곳은 서울 외곽의 아주 허름한 병원이었다. 병원에는 나와 아이 이외에는 다른 산모나 아이도 없었다. 내 방 이외에 모두 불이 꺼져있던 그 병원은 당시의 내 마음처럼 어두컴컴했다. 병원에서는 아기 수첩을 만들어주었고 아이의 아빠 이름을 물었다. 어쩔 줄 모르던 나는 순간 아무 이름이나 답했다. 아직도 병원 기록과 수첩에는 '김경범'이라는 알지 못하는 이름이 적혀 있다.

나는 아무것도 못 하는 아기엄마였다. 간혹 간호사가 와서 분유 타는 법과 기저귀 차는 방법만 알려줄 뿐이었다. 아무도 찾아오지 않는 방에서 '이 아이와 어떻게 살아야 할까?' 한숨만 나왔다. 아이는 밤에도 잠을 자지 않고 내내 울었고 내 등에 업힌 채로만 잠이 들었다. 쉬지 않고 우는 아이를 내 품에서 떨어뜨릴 수 없었다. 아이를 돌보는 건 내가 생각했던 것들과는 너무나 달랐다.

나는 1인 샵을 운영하고 있었기 때문에 당장이라도 일을 나가야 하는 상황이었다. 아이를 낳고 나면 어린이집에 맡기고 바로 일을 시작할 계획만 세웠었기에 막상 아이를 키우는 준비나 상황은 생각하지 못했다. 남편이나 할아버지, 할머니, 언니, 오빠 등 주변의 도움 하나 없이 아이 엄마는 아무런 계획도 세울 수 없다는 것을 늦게야 깨달았다. 하늘이 무너지는 것 같았다.

육아와 일, 둘 다 해낼 수는 없었다. 나에게 더 소중한 한 가지를 선택해야 하는 시점이었다. 마음이 쓰렸다. 10년 동안 일궈놓은 나의 첫 사업, 얼마나 절실하게 내 모든 시간을 쏟아 부었는지 모른다. 결국은 나의 일터인 그곳을 정리하기로 했다.

정말 작고 여린 아이, 나의 소중한 아이가 내 귓속에서 계속 울어대는 듯 느껴졌다. 어서 일을 정리해야 한다는 생각이 들고 나서는 바로 부동산에 전화를 걸어 가게를 내놓았고 큰 금액의 손해를 보면서 정리를 했다. 산후도우미 선생님이 오시면 가게에 나가 정리하고 돌아와 아이를 돌보고 다시 정리 하는 시간을 보냈다. 산후관리는커녕 골병이 들 정도로 힘들었다.

10년 동안 나의 모든 것을 쏟아부은 나의 일터와 나의 삶, 그 모든 것들을 한순간에 정리하고 선택할 수 있었던 것은 단 하나, 나의 아이였다. 한순간 포기해버린 것들이 전혀 아깝지 않았다면 거짓말이겠지만 그럼에도 그럴 수 있었던 건 무엇보다도 아이가 너무나 좋았고 예뻤으며 이 아이가 결국 이번 생에서 나의 소명이라는 생각이 들었기 때문이었다.

 지금도 역시 힘은 들지만, 아이가 내 곁에서 자라는 모습을 볼 수 있어 얼마나 감사한지 모른다. 한 해 한 해 아이에 대한 사랑이 더 커지고 더 예뻐서 지금은 아이가 없는 세상은 상상할 수조차 없다. 아이가 잘 자라주는 것이 나에게 돈보다 더 큰 행복이다. 다행히 아이는 아이의 몫을 가지고 태어났다. 임신과 동시에 준비해두었던 주택 덕분이었다. 누군가의 지원 없이 자기만 잘 자랄 수 있도록 인도해달라는 듯 순조롭게 시간이 흘렀다.

 온전히 조건 없는 사랑을 내어줄 수 있는 대상이 존재한다는 것만으로도 하나님께 감사드린다. 아이가 주는 기쁨은 경험해보지 못했다면 결코 몰랐을 것이다. 아이는 이제 나의 빛이 되었다. 아들이 나의 빛이 된 것처럼 아이가 어른이 되어 이 세상의 빛이 될 수 있는 사람이 되길 간절히 바란다.

보석 같은 시간

성현이의 생일을 맞아 레고랜드에 갔다. 열심히 고민한 끝에 준비한 이벤트가 마음에 들었는지 내내 신이나 즐기는 아이의 모습에 뿌듯했다. 한밤 중 5분 남짓한 시간의 불꽃축제에서 팡팡 터지는 불꽃 아래에서 생일을 축하했다. "성현아 생일 축하해." 그날의 동영상엔 불꽃놀이의 마지막과 함께 엄마의 생일 축하를 받으며 매우 좋아하는 아이의 모습이 그대로 담겨 있다. 아이의 행복한 모습을 보며 내가 더 행복했다.

함께 간 춘천 여행에서 케이블카를 타며, 야경을 구경하고 라면을 나누어 먹은 적도 있었다. 야경은 너무 예쁘고, 배에서 끓여 먹었던 라면은 정말 맛있었다. 지금도 아이는 그때의 이야기를 자주 한다. 그날의 기억이 아이에게도 행복한 기억으로 남은 게 분명하다.

아이를 위해 고민하고 노력해 일정을 짜고 준비하고, 그 일들로 즐겁게 노는 아이를 보면 그렇게 행복할 수가 없다. 입맛이 까다롭고 비위가 약해 많이 먹지도 못하는 아이가 맛있는 음식을 찾아 좋아하는 그 순간이 또 그렇게 좋다.

　학교 수업을 마치고 함께 집에 오는 길도, 간식으로 사준 핫도그를 맛있게 먹는 모습도 그저 사랑스럽다. 성현이는 살살치킨을 포장해 와서 같이 먹으며 책을 보는 시간을 가장 좋아한다. 잠들기 전 항상 아이에게 책을 읽어주는데 아이는 어느새 듣다가 잠이 든다. 평온하게 잠든 아이를 보면 왠지 더 뿌듯하고 사랑스럽게 느껴진다. 성현이가 좋아하면 나도 따라 좋다.

　아이와는 크고 대단한 행복보다 사소하지만 행복한 시간이 많다. 평범한 일상 속에서 대화를 나누다가도 서로 "풉" 웃음이 난다. 아이와 다투다가도 내 말투를 따라 하는 모습을 보면 결국은 같이 웃고 마무리가 된다. 어떤 행복이 더 있을까. 사실은 그냥 아이를 마주 보고 꼭 껴안고 있을 때. 그것만으로도 충분하다. 아이가 행복한 모습을 지켜보는 것, 지금은 그것이 나의 가장 큰 행복이다.

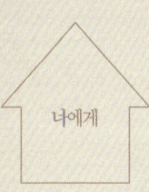
너에게

사랑하는 성현아.

엄마는 이 세상에서 너를 가장 아끼고 소중하게 생각해. 엄마가 가장 존중해야 할 사람은 바로 성현이라는 걸 알아. 너는 나의 보석이야.

그걸 알면서도 더 예쁘게 말하고 대해주지 못해서 항상 미안해. 매일 명령하듯이 말하게 돼서 너도 같이 화를 내기도 하지. 엄마도 엄마가 처음이라 서투른거야. 성현이 덕분에 엄마도 매일매일 세상을 배우고 있어. 너를 낳기 전과 지금이 너무나 달라서 사실은 여전히 적응하는 중이야.

이제 성현이도 천천히 세상을 혼자서 살아나가는 연습을 해야 해. 엄마가 옆에서 잘 도와줄게. 혼자서 밥도 잘 먹고 등교 준비도 잘하고 인사, 질서, 사람과의 관계 등 배워야 할 것들이 많아. 엄마가 건강하고 힘이 있을 때 세상을 살아가며 혼자

해야 할 것들을 다 알려주고 도와주고 싶어.

성현이라는 보석이 더 빛날 수 있도록 엄마가 다듬어줄게. 흙과 먼지가 묻어도 보석은 빛이 나. 성현이는 그런 존재야. 너의 가치를 세상 사람들이 알아봐 줄 때까지 우리 지금처럼 같이 노력하자. 엄마도 널 존중하면서 예쁘게 말하고 가르칠 수 있도록 더 노력할게.

이 세상에서 엄마가 사랑하는 단 한 사람은 너야. 약속할게. 엄마 마음은 평생 변하지 않을 거라는 걸. 사랑해.

요즘은
어때요

요즘 나는 아이와 함께 성장하고 있다. 아이는 아이대로 학교에 가고 나는 컴퓨터 학원에 간다. 아이를 학교에 데려다주고 바로 학원에 도착해 9시 30분부터 1시 30분까지 오랜 시간 수업을 듣고 돌아와 다시 아이를 데리러 간다. 아이가 학교생활을 하는 딱 그 시간 동안의 자유시간을 온전히 나의 배움을 위해 쓰고 있다.

개인 상담도 받고 있다. 나는 나대로 상담을 받으며 나 자신을 더욱 알아가는 시간을 갖고 아이는 학교와 그 외의 활동들에서 주변 사람들과 자기 자신에 대해 하나둘 배워나가고 있다. 아이와 나는 이렇게 각자의 방식으로, 같이 성장 중이다.

사실 나와 아이 모두 ADHD 기질을 가지고 있기에 남들보다 다방면으로 더 많은 노력을 기울이고 있다. 많은 주변 사람들과 함께 살아가려면 내면을 더욱 튼튼하게 가꾸어야 하기 때문이다. 살면서 어쩔 수 없이 받게 되는 이러저러한 자극에도 덜 상처받고 잘 받아들일 수 있도록 내 안의 중심이 무엇인지, 또 나는 왜 그런지 스스로를 들여다보는 시간을 수시로 갖는다. 아이 역시 놀이치료를 받으며 타인과 소통하고 함께 살아가는 방법을 배운다.

나의 10대는 아무것도 몰라서 그저 행복했고, 20대는 세상을 알기 시작하면서 힘들어졌다. 30대는 자신감은 넘쳤지만 일하느라 고생했고, 40대는 정말 좌절의 연속이었다. 50이 다 되어가는 요즘에야 나 자신을 더 잘 이해하고 알게 된 것 같다. 이제야 비로소 편안해진 걸 느낀다.

일상은 고민의 연속이다. 아이의 방과 후 일정과 교우관계, 아이의 일상과 미래까지 신경 쓸 것이 한둘이 아니다. 우리 아이에게 맞는 길이라는 확신이 있다면 그 길로 쭉 나아가면 되는데 엄마인 내가 판단하려니 뒤죽박죽이다. 엄마의 고민은 끝이 없지만, 그토록 되고 싶었던 엄마의 삶이기에 이런 오늘도 괜찮다.

눈앞의 이익을 좇기보다 한 걸음씩 계단을 올라가다 보면 언젠가 무엇이든 완성될 거라 확신한다. 아이와 싸우고 부딪히면서도 결국엔 웃으며 행복을 찾아가는 삶을 살아간다.

우리가 온전해지는 시간
혼자가 아닌 싱글맘

1판 1쇄 찍음 2024년 11월 25일
1판 1쇄 펴냄 2024년 11월 29일

지은이　　　김유금, 지예나, 장미선, 이지, 엄혜원, 지지향, 김도비, 김체리, 강소영
펴낸이　　　곽진영
기획 및 편집　김선이, 석경아
디자인　　　㈜마커키퍼

펴낸곳　　　㈜블라썸원
출판신고　　2023년 11월 21일 제2023-51호
이메일　　　blossomone2023@naver.com

ISBN 979-11-990185-1-8 (03810)

잘못 만들어진 책은 구입하신 서점에서 바꿔드립니다.
이 책에 실린 모든 내용은 저작권법에 따라 보호를 받는 저작물이므로 무단 전재와 무단 복제를 금합니다. 이 책 내용의 전부 또는 일부를 사용하려면 반드시 출판사의 동의를 받아야 합니다.

원고 투고를 기다립니다. 집필하신 원고를 책으로 만들고 싶은 분은
blossomone2023@naver.com으로 투고해주세요.